顔出し看板 カオダス Kaodas

まちのキャラクター 金太郎から「ひこにゃん」まで

ひこにゃん
(彦根)

つみ娘
(甲賀)

金太郎
(長浜)

コハクチョウと夕日
(湖北)

大津絵
(大津)

滋賀県「顔出し看板」発掘再生新規開発委員会 編

顔を出すにあたり
「はじかき」を「はしがき」にかえて by しがんい

　きっと顔出し看板たちは困っていると思う。ひっそりと、子どもたちがカップルたちが恥ずかしながら穴から顔をだしてくれることを楽しみに待ち続けていたほっこりとした日々だったのに、また、倉庫のなかでホコリをかぶりながらゆっくりと余生を楽しんでいたのに、突如引っ張り出されて、なんだかんだとプロフィールや生まれや年齢、性別？などをあれこれ聞かれるのだから。目を白黒させて、なになに？　いったい何が起こったんだ？なんか悪いことしたのかああ、ってなもんだ。
　しかもツッコミまでされているんだから。踏んだり蹴ったりである。
　「しがんい」って何者？　いったいその目的は？と看板たちは思っていることにしよう。
　説明しよう。「しがんい」とは、「滋賀県『顔出し看板』発掘再生新規開発委員会」の略称である。やたら長い名称である。メンバーは4名で、あひるとかひらめとか人間なのか動物なのかもよくわからない集団である。
　しがんいの目的は、ただひとつ、滋賀県における顔出し看板の地位向上である。誰にも求められていないし、果たしてそのことが誰かのためになるのかまったくもって不明である。いや、きっと誰のためにもならないだろう。
　でもそれで良いのである。世の中理由を求めすぎである。理由など無いこともある。
　そこに顔出し看板なるものがあったから「なんじゃこれ？」と思ったことがきっかけである。ただ単純に、どこにあるかと追いかけているうちは良かったのだが、そのうち顔出し看板コンクールをすることになり、さらには本を出すことになり、さらには展覧会をすることになり…。
　これはきっと私たちには「見えざる手」が働いているに違いない。でないと説明がつかな

いのである。なんでこんなに追いまくられているのか。
　そこには、きっと顔出し看板の怨念がはたらいているに違いない。そう、**顔出し看板たちは、失われた顔を探し求めている**。たとえ一時的に誰かが通りかかって顔を出しくれても、去った後はまた真空の穴が広がっている。あ、最近の和製ホラーブームで顔出し看板を取り上げないかしら。顔を出すと呪われる看板。名付けて「KAODASHI」。おっと余談。ヘンなイメージが付いても困るからこれぐらいにしておこう。
　で、怨念はともかく、顔出し看板に惹かれる理由のひとつには、その存在が未完成であることであろう。私たちは、幼い頃から完全であることを求められてきた。「〇〇ちゃんはなぜできないの！」「みんなできるのでしょう」完全無欠こそが到達点で目標であった。そんな直線的な人生の中で、顔出し看板の存在はとてもゆるい。完全さと対局にある。
　一枚の絵から「顔」だけを「抜く」ということは、通常の絵画としてはかなり異質である。メインである顔を抜いてしまうのだから。中心が無い絵はヘンであり、シュールレアリスム的でもある。省略のデザインとも言えよう。省略を埋めるピースは参加する人である。つまりこの看板は、**裏側から顔を出して看板に参加することで初めて絵が完成するという、未完成の存在でもある**。
　ここに、未完のゆるさがある。完成するのは人が来て顔を出したときだけであり、その後はただ立って待ち続けている。そのせつなさに惹かれてしまうのだろうか。
　このゆるさ、せつなさを愛する方々がこの本の執筆にかかわっていただいた。それぞれのまなざしからの顔出し看板への言説は、未完成の穴へのオマージュでもある。また、

顔出し看板コンクールに応募していただいた方々の思いとは、どんな人が穴から顔を出すだろうかというイメージの産物である。ネット上に各地の顔出し看板画像を報告する気持ちとは、まちなかのユーモアを見守っているのだ。

本書では、この顔出し看板という物体の現状と鑑賞の仕方についてまとめてみたものである。また同時に、滋賀県内の顔出し看板については、ほぼ全体を把握して紹介しているつもりである。

本書の使い方

本書は下記のような3通りの使い方が想定されている（ウソ）。

ケース1　滋賀県内のおもしろい旅を求めているAさん夫婦。30代。

Aさんたちは夫婦で週末を利用して近県にドライブをするのが趣味である。ちょっと本屋で手に取ったこの本をみて、おもしろそう、全部をぜひ訪ねてみようと思い立ち、週末を利用しながら滋賀県内のすべての顔出し看板に夫婦で顔を出して写真をとることを一念発起。倉庫に眠るものや研究室蔵のものまで、涙ぐましい努力でコレクションを重ねていく姿は、もうまるで求道者である。ふたりで顔を出しながら写真をとる背中は、まさに巡礼者の風格が。もう手に持つこの本はバイブルである。

ケース2　本が好きで、散歩の好きな専業主婦Bさん。50代。

Bさんは本を読むのが好きで、図書館で何気なく手に取ったこの本を読むこととした。最初は怪訝な気持ちで、どうせ肌に合わないからすぐやめるだろうと思っていたら、あれよあれよとその深みにはまっていってしまった。気がつけば一気に読み終えてしまい、読み終えた瞬間に、夫と息子たちに携帯メールを出してしまっていた。「顔出し看板の情報があったらすぐに教えること」。さらに、Bさんは、そういえば隣町の観光施設の前に確か、顔出し看板らしきものがあったことをうっすらと思い出した。ああ、あれがそうだったのかも。そして、早速明日でかけてみようと思ったのである。その夜、Bさんは近隣の顔出し看板散策スケジュールをたてはじめた。またひとり、顔出し看板研究家が誕生した瞬間である。

ケース3　地元の土産物などをあつかう店を出しているCさん。40代。

Cさんは、土産物屋をしながらも、何かインパクトの無さを感じていた。どうも自分の店がそのあたりの店と同じように見えるのである。何かが足りないのだ。ある日奥さんが一冊の本をそっと枕元においてくれていた。何気なく読んでみると、何だかこの看板の魅力や力を感じてしまっている自分に気づいていた。そして、次の日、マンガを書くことが好きな子どもたちと一緒に、さっそく画用紙に顔出し看板のモチーフをあれこれ考え始めたのである。そう、これが自分が求めていたインパクトである。自分らしい、家族との手づくりの看板をつくってみよう。やがて、土産物屋の前に一体の顔出し看板が置かれた。そのかわいらしい看板は、なぜか地元の小中学生で話題となり、携帯カメラで撮る子どもが列をつくって待つようにもなり、そのキャラクターを用いた土産物を売り出すやいなや、飛ぶように売れるようになった。

　この話はあくまでもフィクションです。あなたはA、B、Cどのケースになるでしょうか。え？どれでもない？　そうかなあ。そうならないとも限りませんよ。
　それでは、いよいよ顔出し看板への扉を開きます。顔と写真の準備を忘れずに。

顔出し看板大全 kaodas カオダス しがない編 もくじ

顔を出すにあたり
顔出し看板という装置 ———— 吉田憲司　6

1章　滋賀県 顔出し看板スペシャル

ひこにゃん いざ出陣！————————————10
「功名が辻」舞台は近江(だった)。一豊・千代ドラマツアー————12
だまってハメれば旅も楽し ———— 小西光代　15
しっかり固定、舞い上がらない凧看板————————16
きんたろうで広がるまちづくり————————18
顔を出してふんどし一丁になっちゃおう！————20
持ち運び着せ替え可能顔出し看板————————22

2章　滋賀県 顔出し看板セレクション

思い出の「びわ湖タワーへ行こう！」————————24
幻のパラダイスは韓流ブームを先取り————————25
中学生が描いた大津絵がコンクール優秀賞に————26
伝統の大津絵・鬼になりきり！————————27
膳処で白装束？————————28
なぜなぜ？博覧会会場にグズラ————————29
ちびっこだけど火を消すぞ————————30
とっても大切にされている手づくり消防隊です————31
琵琶湖の環境を考える一枚————————32
「信楽」といえば、やっぱりたぬき————————33
豊かな自然の中で目立つ忍者！————————34
大人でも3頭身キャラになれる！————————35
ハート型2連発、あいの土山————————36
タッキーの大河ドラマ覚えていますか？————37
お花畑、といえばハイジ？————————38
家族揃ってひまわりです————————39
数少ない無生物タイプ————————40
トトロのふかふかお腹にのってるよ！————41
伊吹山を股にかけるやさぶろう————————42
実は双子だった!?もうひとりのやさぶろう————43
子どもたちへの防火PRに出動————————44
阪神タイガースの「勝利の女神」!?————————45
長政とお市、夫婦水いらず————————46
長政一家勢ぞろい————————47
一豊・千代顔出し看板第1号————————48
みんなで苦闘してつくりあげた「功名が辻」————49

- 一豊公の出世はこの地から始まった！ ——— 50
- コホクチョウのコハクチョウ ——— 51
- 仲のいい農夫婦 ——— 52
- ピラミッドパワーの顔出しここにあり ——— 53
- 鎧武者参上！天下分け目の合戦場 ——— 54
- 天女が舞い降りた余呉湖畔 ——— 55
- そうだマキノで遊ぼう ——— 56
- 残念ながら等身大のガリバーです！ ——— 57
- 30年前の顔出し看板です！「甲賀ファミリーランド」忍者屋敷 ——— 58

3章 顔出し看板論Ⅰ　　　　　　　　　　　　　　　　　近藤隆二郎

- 顔出し看板とは何なのか ——— 60

4章 顔ハメ対談

顔ハメはマイナーリーグのホームラン王？
——— いぢちひろゆき×おかむらふみお　68

5章 顔出し看板群各地リポート　　　　　　　家鴨あひる／近藤隆二郎

- **滋賀** 土偶が、忍者が…現代に蘇る専門家自らデザインした魅惑の力作 ——— 78
- **東京** 顔出し看板の町・浅草奥山おまいりまち ——— 84
- **静岡** 102枚の同時多発顔出し看板群の行方 ——— 90

6章 顔出し看板論Ⅱ　　　　　　　　　　　　　　　　近藤隆二郎

- 応募された顔出し看板 ——— 98
- こんな顔出し看板を考えたぞ！ ——— 107
- 報告される顔出し看板 ——— 110
- 風景への参加というダイナミズム ——— 119

7章 顔出し看板をつくる　　　　　　　　　　　　　　近藤隆二郎

- 顔出し看板をつくってみよう！ ——— 124
- 顔出し看板とまちづくり ——— 128

8章 顔出し看板の可能性

- 何故、人は顔出し看板から顔を出すのか ——— 杉原正樹　132

9章 顔出し看板プロジェクト　　　　　　　　　　　　樋口幸永

- 滋賀県「顔出し看板」発掘再生新規開発プロジェクト ——— 138

顔出し看板資料館　　　　　　　　　　　　　　　　　　144

顔を引くにあたり

顔出し看板という装置

国立民族学博物館 文化資源研究センター長・教授　吉田憲司

▲宇宙航空開発機構・種子島宇宙センター・宇宙科学技術館にて（2003年筆者撮影）

　これは、顔出し看板というのだろうか。切り抜き看板というのだろうか。人に伝えるときには、「開いた穴から顔をだして写真をとるあれ」というのが一番手っとり早い。いずれにしても、それを生産する側はともかく、消費する側、実際に使う側では呼び名が固定していない。考えてみれば、不思議な存在である。

　かつて「顔出し看板」は、どこの観光地に行っても、かならず目にした。集合写真をとるための椅子の列のかたわらに、「個人で撮影される方はこちらでどうぞ」とでもいわんばかりに、その土地の名物に題材をとったいでたちの看板が立っていた。京都なら舞妓さんや大原女（おおはらめ）、熱海なら貫一・お宮といったところだろうか。一見、変身の道具にみえるが、かぶり手の顔を隠し、かぶり手を匿名化することで変身を可能にする仮面と異なり、土地に結びついた衣服をまとうだけで顔はあえて出したままにするこの「顔出し看板」は、その身はかえても、その個人のアイデンティティーを変える装置ではない。むしろそれは、「私はここにいた」という存在証明のための装置であり、しかも写真の被写体になるというこ

とを前提としているところに特徴がある。誰からも見られることなく、一人で「顔出し看板」から顔をだして遊んでいる自分を想像してみよう。それはあまりにおぞましい光景に思える。そこでは、ひとつの行為が完結していないからである。「顔出し看板」は、あくまでも、まなざされることを前提とした装置、あるいは写真文化を前提とした装置だといえる。看板の普及の時期は、まさしくカメラの普及の時期と重なっている。

「顔出し看板」の起源については、いまだ十分に明らかにできていない。東南アジアや中国ではしばしば見かけるものの、それらは日本から広がったものであろう。「顔出し看板」は、やはり、わが国特有の写真文化と結びついたきわめて日本的なしろものに思える。ただ、1893年、アメリカのシカゴで開かれた万国博覧会ではじめて登場したのではないかという情報がアメリカの研究者から寄せられている。残念ながら、それを裏付ける資料は未入手であるが、シカゴ万博は、ジョージ・イーストマンによる1888年の「だれにでも写せるコダック・カメラ」の発売や1889年の透明なロール・フィルムの発売を受け、写真文化が一挙に大衆化する契機になった博覧会である。この博覧会が「顔出し看板」の生みの親であった可能性は十分に考えられる。

「顔出し看板」は今、急速に姿を消している。「名所」を消費するという、かつての観光のありかたが変質してきているせいかもしれない。しかし、「顔出し看板」のもうひとつの特徴、まなざされることを前提とした装置という性格は、いまも人気のおとろえない「プリクラ」にまちがいなく受け継がれている。「プリクラ」は、他のどの国でもなく、日本で生み出された。「顔出し看板」から「プリクラ」への展開は、19世紀のなかば以来、全世界を覆いつくしていった写真文化の、日本的な受容のひとつのありかたを物語っている。

▲バンコク、ワット・アルン（暁の寺）にて タイ（2006年筆者撮影）

吉田憲司（よしだけんじ）■京都大学文学部卒、大阪大学大学院文学研究科博士課程修了、学術博士。大阪大学文学部助手を経て、1988年より国立民族学博物館。博物館人類学・アフリカ研究専攻。主な著書は『仮面の森』（1992）、『文化の「発見」』（1999）など。

滋賀県 顔出し看板スペシャル 1章

| 県東部 | 出番待ち | 通称 ■ ひこにゃん |

1 ひこにゃん いざ出陣！

滋賀県顔出し看板スペシャル

10

1 滋賀県顔出し看板スペシャル

「国宝・彦根城築城400年祭」のキャラクター・ひこにゃんのブームはとどまるところを知らないが、この顔出し看板がつくられた当時は、まだそれほど知られていないキャラクターだった。

滋賀県立大学環境科学部では、「イベント計画演習」という授業で、毎年学生がチームを組んで環境イベントを実践している。2006年度は、滋賀県立文化産業交流会館で開催の「フリーマーケット『宝島』in ぶんさん」を対象としていた。なぜか毎年顔出し看板をつくるチームがあるのだが、今年は「アクリルたわし」を親子でつくる企画をすすめていたチームが、このひこにゃんの顔出し看板をつくった。ほとんどひとりで制作した三輪君によると、たまたま雑誌の彦根特集でひこにゃんを見たときに、これだ！　と一目惚れしたことがきっかけだという。看板を使用したのが屋内イベントであったため、段ボールを用いて制作。当日、子どもは立ち止まって見てくれたが、なかなか顔を出してくれなかったという。今なら殺到であろう。

イベント後に、国宝・彦根城築城400年祭実行委員会へ寄贈されたが、強度が弱いためか、倉庫に保管されたまま、あまり日の目を見てはいないらしい。剣が抜けるなどのひそかな工夫点もあるので、ぜひ出陣を！

「しがんい」のツッコミ

ひぐひぐ ■ しかしどうして、歴史ある彦根に顔出し看板がないのかな？
ひらめ ■ 彦根のまちの雰囲気が「ひこにゃん旋風」で変わりそうな予感です。剣がいいです。
あひる ■ ひこにゃんは全国区のゆるキャラに育ってほしいぞ！
kondoji ■ ゆるい雰囲気が出ています。ちなみに、この写真で鈴から下がっているものはアクリルたわしです。念のため。

顔出しプロフィール

設置時期 ■ 2006年7月15日
設置場所 ■ 滋賀県立文化産業交流会館で開催のフリーマーケット会場
設置者 ■ 滋賀県立大学環境科学部イベント計画演習受講学生チーム
制　作 ■ 滋賀県立大学環境科学部 三輪亮介
所在地 ■ 彦根市元町4-2　彦根市企画振興部彦根城築城400年祭推進室
電　話 ■ 0749-30-6141

コメント

制作者 ■ ひこにゃんブームが一過性で終わってほしくないです。

三輪亮介

ホームページ

http://www.hikone-400th.jp/

県北部　一部現役　通称 ■ 山内一豊・千代（ドラマツアー）

1 滋賀県顔出し看板スペシャル

「功名が辻」舞台は近江（だった）。
一豊・千代ドラマツアー

通称　山内一豊・家臣
（法秀院の墓）地図⑪

通称　山内一豊・千代
（若宮氏館跡）地図⑫

通称　山内一豊・千代
（余呉湖畔）地図①

第1枚
山内一豊は家臣らと諸国放浪の後、宇賀野（米原市）に身を寄せていた母・法秀院のもとに帰ってきました。

顔出しプロフィール
設置時期 ■ 2006年4月～
設置場所 ■ 山内一豊の母・法秀院の墓

第2枚
飯村（米原市）生まれの千代は、法秀院に裁縫を習っていました。一豊は千代と結ばれ、「一国一城の主」の夢を語ります。

顔出しプロフィール
設置時期 ■ 2006年4月～2007年1月
設置場所 ■ 若宮公園（若宮氏館跡）

第3枚
一豊は信長の家臣となり、秀吉にしたがって戦に出ます。消息を絶った夫の身を案ずる千代のもとに、一豊が無事帰ってきました。

顔出しプロフィール
設置時期 ■ 2006年4月～12月、2007年4月～
設置場所 ■ 余呉湖畔～国民宿舎余呉湖荘

　NHK大河ドラマ「功名が辻」にあわせ、北近江・長浜では2006年1月から11月まで「一豊公・千代様キャンペーンイベント実行委員会」が「北近江一豊・千代博覧会」を開催した。
　長浜市街地の博覧会会場での各種イベントに加え、4月からはドラマの舞台となった北近江一帯の史跡をめぐる「一豊・千代ドラマツアー」を実施。地元観光ガイドの案内を聞きながら、観光ポイントをバスで巡回するというもので、顔出し看板はこれらのポイントなど10ヶ所に設置された。それまでにも関連看板はあったが、ここに紹介する6枚の看板は、実行委員会のアイデアで新しく作成されたもの。すべての看板を撮って写真をつなげれば、一豊と千代の物語が語れるようになっていたのである。顔出し看板の絵柄としては珍しい「男性ふたり」というパターンや、馬と人間が別々の看板に分かれ、立体的に見せるものなど、独自の工夫を凝らしたものも目についた。
　「顔出し看板を設置しよう」という企画は、ツアーを企画した広域部会内で発案されたという。滋賀県内ではすでに顔出し看板の密かなブームでもあり、観光客に強いインパクトを与えるのでは？という意見に共感が集まったのだそうだ。まずどのような絵を看板にするかを部会で検討し、場所にあわせて選定。絵はデザイナーである部会委員が描いた。
　実際に設置してみると観光客には非常に好評で、日によっては写真を撮るために順番待

※物語は、小説やドラマ、地元の伝承などをもとに創作したもので、史実とは限りません。

設置者■一豊公・千代様キャンペーンイベント実行委員会
制　作■モリイ工芸

1 滋賀県顔出し看板スペシャル

通称 **山内一豊・千代**（唐国）地図⑦

通称 **千代・名馬**（牛馬市跡）地図③

通称 **山内一豊・千代**（長浜城）地図⑨

第4枚
秀吉は小谷城攻めで浅井長政を自害に追い込み、長浜城を築きます。一豊も唐国（虎姫町）に400石の初所領を与えられました。

顔出しプロフィール
設置時期■2006年4月～11月
設置場所■山内一豊初所領の地・唐国

第5枚
千代が鏡箱から黄金10両を差し出しました。一豊は牛馬市で見初めた名馬を購入。信長に誉められるなど、その名声を高めます。

顔出しプロフィール
設置時期■2006年4月～
設置場所■木之本牛馬市跡 馬宿平四郎

第6枚
賤ヶ岳の戦い後、一豊は長浜城の城主に。念願の「一城の主」となり、ふたりは琵琶湖を望む天守閣で喜びをわかちあいました。

顔出しプロフィール
設置時期■2006年4月～11月
設置場所■長浜城歴史博物館

ちの列ができたほどだとか。また、若いカップルはたいていは盛り上がり、必ずといっていいほど撮影していたという様子や、グループや家族連れは、顔出し看板を取り囲んで集合写真を撮ることが多かったことなどが、関係者から報告されている。

「今回のイベントを通し、顔出し看板というものはたいへん奥が深く、アイデア次第でさまざまな可能性を持った媒体であると認識しました。博覧会後、顔出し看板は各地元に提供しましたが、これらがまちづくりに役立てばいいなと思います」とは、博覧会事務局（当時）の山口隆彦さん。

新しく設置された6枚の看板のうち、博覧会後も同じ場所に置かれているのは、「山内一豊の母・法秀院の墓」と「木之本牛馬市跡 馬宿平四郎」にあった2枚（2007年4月現在）。「余呉湖畔」のものは「国民宿舎余呉湖荘」に移されて活用されている。しがんいとしてはその他の看板の再登板にも期待したいところである。（地図は次ページ）

「しがんい」のツッコミ

ひぐひぐ■「めぐって顔出し」という企画はおもしろかったのに…。残念です。

ひらめ■看板の絵柄がすごくダイナミックでした！ きっと何百人何千人もの人が顔出ししてくれたんでしょうね～。

あひる■結果的に期間限定となった顔出し看板、顔を出した写真はレアもの！

kondoji■全国にある一豊・千代の顔出し看板を一堂に集めてみたいです。

13

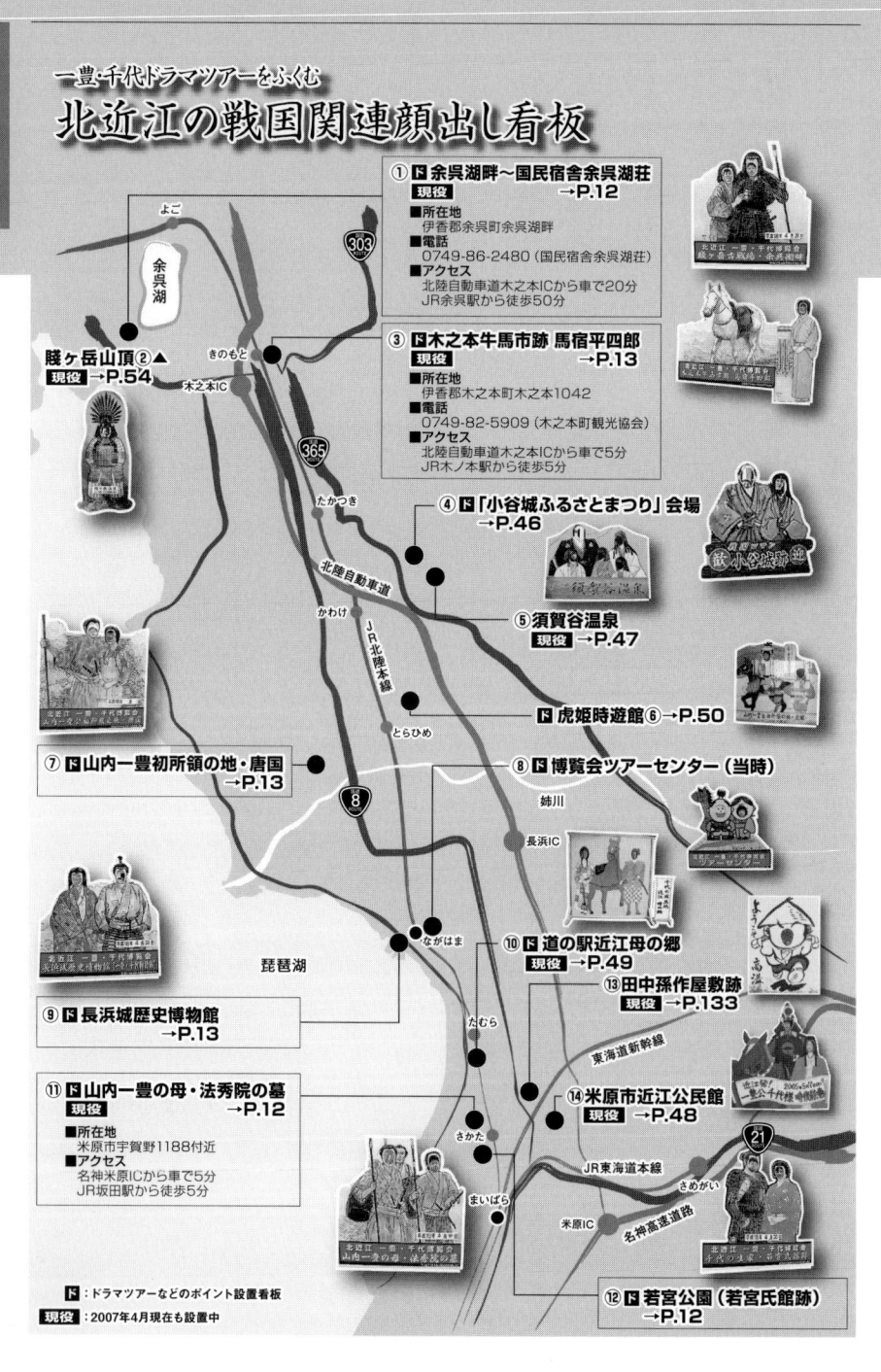

北近江の戦国関連顔出し看板
一豊・千代ドラマツアーをふくむ

1 滋賀県顔出し看板スペシャル

① 余呉湖畔〜国民宿舎余呉湖荘 →P.12
現役
■所在地
伊香郡余呉町余呉湖畔
■電話
0749-86-2480（国民宿舎余呉湖荘）
■アクセス
北陸自動車道木之本ICから車で20分
JR余呉駅から徒歩50分

② 賤ヶ岳山頂 現役 →P.54

③ 木之本牛馬市跡 馬宿平四郎 →P.13
現役
■所在地
伊香郡木之本町木之本1042
■電話
0749-82-5909（木之本町観光協会）
■アクセス
北陸自動車道木之本ICから車で5分
JR木ノ本駅から徒歩5分

④ 「小谷城ふるさとまつり」会場 →P.46

⑤ 須賀谷温泉 現役 →P.47

⑥ 虎姫時遊館 →P.50

⑦ 山内一豊初所領の地・唐国 →P.13

⑧ 博覧会ツアーセンター（当時）

⑨ 長浜城歴史博物館 →P.13

⑩ 道の駅近江母の郷 現役 →P.49

⑪ 山内一豊の母・法秀院の墓 →P.12
現役
■所在地
米原市宇賀野1188付近
■アクセス
名神米原ICから車で5分
JR坂田駅から徒歩5分

⑫ 若宮公園（若宮氏館跡）→P.12

⑬ 田中孫作屋敷跡 現役 →P.133

⑭ 米原市近江公民館 現役 →P.48

：ドラマツアーなどのポイント設置看板
現役：2007年4月現在も設置中

14

だまってハメれば旅も楽し

「み〜な びわ湖から」「さざなみ通信」編集人　小西光代

　前から思っていたのだけど、いったい顔出し看板の主役は、可変性のある穴なのか、プロフィールを決定づける衣裳や背景なのか、やっぱり生の顔なのか、何なのだろう。

　意図的な欠落部分と揺るぎなき主張をするコスチューム、そして、そのワナにハマる旅人。そう、顔出し看板って、あっという間に変身できる平面的早業コスプレなんですよね。その土地を語るモノをまとうという、旅行気分盛り上げ機能付きの。

　2006年に開催された「北近江一豊・千代博覧会」では、「功名が辻」仕立ての顔出し看板が新しく6枚設置された。これらは四角四面の板ではなく人型に切り抜かれていたので、後ろの風景もきれいに写り込むのが特徴で、多くの観光客の被写体になっていた。また、これを機会に、それまで日陰の身だった既設の看板にも光明が差すことになった。長政・お市一家、伊吹弥三郎、金太郎など、こんなんあったんやという代物が、あちこちから発掘されたのはちょっと驚きだった。

　そこで、ふたつの情報誌に代わる代わる掲載し、「顔出しの穴から覗いて千代さんになってみよう…」とか、「違う視点で町を見ることができるよ」などと紹介させてもらった。正直にいえば、自分自身は写真の被写体になるのは御免こうむりたい体質なので、顔出し看板ってまるで顔だけ貸すようだし、貸すような代物でもないし…と、寄りつきたくはなかったのだ、ほんとのところ…。

　しかし、上記のようなことを書いた手前、こっそり、一度だけ千代さんになったことがある。いやいや、観光地でこその顔出し看板だから、地元では撮りませんよ。一豊が長浜の次に所領をもった掛川（静岡県）へ行ったときのこと。手を出す穴まであったので、一豊さんとすっかり夫婦気分!?　しっかりハマってしまったのだ…。

　ところで、一豊・千代ゆかりの地をめぐるドラマツアーに同行して気付いたのは、二十歳そこそこの初々しい千代さんにも躊躇なく顔を出すおばあちゃんがいるのに、鎧を着け、野趣あふれる一豊になろうという男性がいないということ。ならば、歓迎される顔出し看板とは、おばちゃんも可愛く変身できたり、お母さんと子どもたちがいっしょに撮れたりするもの、なのかもしれない。主役はやっぱり、なりきって顔を出す人なのだ。

　さて、掛川での「記念写真」は、いったい誰のカメラで撮ってもらったのかわからなくて、千代さんになった自分を見ていない。どこかのパソコンの中に潜んでいるのかも、とうに削除されてるのかも知らないままだ。

▲掛川城前の「山内一豊・千代」の顔出し看板。手出し看板でもある

小西光代（こにしみつよ）■滋賀県長浜市生まれ。京都女子大学短期大学部卒。育児に専念後、1990年秋より地域情報誌「長浜み〜な」（1996年より「み〜な びわ湖から」に改称）専任スタッフ。2002年1月より「さざなみ通信」編集にも携わる。北近江一豊・千代博覧会公式ガイドブック『北近江戦国物語』（サンライズ出版）執筆。長浜み〜な編集室ウェブサイトのブログ「北近江あわあわ記」で身近な北近江を随時紹介中。

県東部　現役　通称 ■ 大凧まつり

1 しっかり固定、舞い上がらない凧看板

滋賀県顔出し看板スペシャル

　毎年5月最終日曜日に開催される「八日市大凧まつり」は東近江市の恒例行事。「判じもん」の絵が描かれた百畳大凧を揚げる様子を表したこの看板は、しがんい主催のコンクール入賞作品。漢字が一文字はいり、左右対称の絵が描かれるのが八日市大凧の特徴だが、それらを忠実に描いているのは、さすが地元の中学生！　女子生徒ふたりの合作ということで、絵柄もなんとはなしに爽やかである。
　この看板は、しがんいが入賞作品のオーナー募集の声かけを始めて、一番最初に申し込みがあった作品である。2004年当時、ちょうど数ヶ月後に八日市市制50周年記念事業を控えていた世界凧博物館八日市大凧会館は、この看板をイベントの目玉にしようとオーナーになることを決意されたのだ。しかも、しがんいが提案していた「簡易タイプ」と「固定タイプ」のうち、専門業者がつくる高価な後者を依頼されたのはここだけ。しがんいにとっても記念すべき看板といえる。

1 滋賀県顔出し看板スペシャル

```
八日市
近江鉄道
●アピア
西念
上之町
421
●世界凧博物館
  八日市大凧会館
★
●図書館      ●敬愛病院
●文芸会館   東本町
●聖徳中
```

「しがんい」のツッコミ

ひぐひぐ ■ 見落としがちだけど、文字がうまいのがいい！

あひる ■ 八日市に行けば、毎日大凧揚げをやっていると信じて遠くからわざわざ来た方は、凧が揚がってないのでがっかりするはず。でも、大丈夫。顔出し看板で一年中(水曜定休)凧揚げ気分が味わえますってば。

kondoji ■ そう、大凧を揚げながらともだちを蹴っちゃいましょう。どさくさです。この看板もひっぱっちゃいましょう。遠近感満載の看板です。

ひらめ ■ できあがった写真をみれば、大凧揚げはしたことなくても体験してきた気分になれるよん。実際に揚げた人も、思い出がさらによみがえること間違いなし！！

顔出しプロフィール

- **設置時期** ■ 2004年5月～
- **設置場所** ■ 世界凧博物館八日市大凧会館
- **設 置 者** ■ 世界凧博物館八日市大凧会館
- **制　　作** ■ ひかり看板
- **所 在 地** ■ 東近江市八日市東本町3-5
- **電　　話** ■ 0748-23-0081
- **アクセス** ■ 名神八日市ICから車で5分／近江鉄道八日市駅から徒歩10分

ホームページ

http://www.bcap.co.jp/yokaichi-kanko/ootakokaikan/

コメント

作者 ■ 私たちは、中学2年の冬休みに、この大凧顔出し看板のデザインを描きました。小学校の頃は、自分たちで凧をつくり、揚げていたのですが、中学校になると、そのような機会がなくなってしまいました。私たちはその行事を楽しみにしていたのでとても残念でした。なので大好きな凧を描くことに決めました。大きな凧をみんなで揚げる。みんなの力と心がひとつになったとき、初めて凧は風に乗る。…私たちはそんなことを思いながらひとつひとつを丁寧に仕上げていきました。東近江市という名前に変わっても、八日市大凧だけは変わらずずっと残っていてほしい。もっともっとみんなに凧を大好きになってもらいたい。そしてこれからも、私たちの思いがたくさん詰まったあの顔出し看板から、たくさんの笑顔が見れますように……。

石垣友希

中学2年の冬休みに、美術の宿題で「滋賀県にちなんだ顔出し看板の下絵を考えてきてください」と言われました。私は、なかよしの友希ちゃんと滋賀県にちなんだものを考えました。いろいろ考えましたが、滋賀県で、私たちの住んでいる八日市といえば、やっぱり大凧！！と思い、大凧会館に似合うような顔出し看板を考えました。

小さいころから、何度も5月にある大凧まつりに行きました。真近で見るととてつもなく大きく見えた百畳大凧が、空高くに小さく見えたとき、多くの人が集まると、大きな力になるんだなぁということを感じました。八日市大凧を、これからもずっとつくり続けていってほしいと思います。

八日市大凧顔出し看板にしようと決めてからは、けっこうすんなりと描くことができました。空に上がった大凧を、人が楽しそうに引っ張っているところを描きました。

こうして描いた八日市大凧の顔出し看板の下絵が、本当に大凧会館で使ってもらえるなんて正直すごくびっくりしました。ハガキサイズの絵が、大きな看板になったのを見たときは、うれしかったです。八日市大凧会館に来た人たちが、私たちの考えた顔出し看板を使ってくださることは、とてもステキなことだと思います。とても良い体験をさせていただき、ありがとうございました。これからもずっと、大凧の伝統が、八日市にあり続けることを願っています。

山田美津記

設置者 ■ 2003年の秋、富山県井波の木彫りの里を訪れたときにユニークな顔出し看板を見つけ、写真好きの私は同行者と早速パチリと記念撮影。以前からこのような思い出の場所を自由に手軽に記録として残せる方法が八日市大凧会館でもできないかなと思っていたのですが、その翌年、ちょうど滋賀県でも「顔出し看板」オーナー募集の話があり、その中に地元の中学生が伝統文化である八日市大凧の揚るところを描いた入賞作品があって、おりしも八日市が市制50周年を迎える年であり、これは良いということで大凧まつり実行委員会で記念事業のひとつとして採用実施されることになりました。

しがんいの樋口さんや看板屋さんの協力を得て、百畳の八日市大凧を引っ張る人の顔がふたり出せるユニークな顔出し看板ができあがりました。八日市大凧まつり前の5月1日に、デザイン考えた地元聖徳中学校2年生（当時）の石垣友希さんと山田美津記さんのふたりも出席いただき、看板を設置する八日市大凧会館の入口で設置式を行いました。マスコミの取材もあり、新聞に掲載されました。

デザイン考案者のふたりは地元の子たちで、既に小学校のとき2畳のミニ八日市大凧を制作しています。また、毎年100畳の八日市大凧を揚げる「八日市大凧まつり」にも参加、大凧揚げの感動を体験しているため、その思いを絵柄に巧く表現していただいています。地域の伝統文化に若い方たちが関わり、関心を持っていただけたことは、後世に伝承していくうえで大きな支えとなり心強いものを感じます。

看板設置後、来館されるお子様連れや団体のお客様たちが、交互に顔を入れ、楽しそうに記念写真を撮っておられる姿を目にします。八日市大凧と会館のPRの役目を充分に果たし活躍してくれています。

世界凧博物館八日市大凧会館館長（当時）松吉桂三

17

県北部　現役　通称 ■ 金太郎

1 滋賀県顔出し看板スペシャル

きんたろうで広がるまちづくり

金太郎の里 にしくろだ

ツール優秀賞

　長浜市の南東部・西黒田地区は「きんたろうの里」としてまちづくりをすすめている。2002年には、金太郎伝説の残る市町村で開かれる「金太郎ファミリーの集い」の第4回目開催地にも選ばれている。この顔出し看板の設置場所・西黒田公民館周辺には、金太郎のイラストが描かれた看板が多く見られ、このまちづくり活動の拠点であるといえる。
　金太郎伝説は各地で異なるが、西黒田の金太郎伝説は、地元の足柄山で源頼光に見出され「坂田の金時」の名前をもらって家臣になった金太郎が、伊吹山の酒呑童子という山賊を退治するとき、土地勘を生かして大活躍する、という内容だ。
　さて、「金太郎＝おかっぱ」のイメージがあるが、「当地の金太郎はおかっぱではない」というのが、コンクールで入賞した郷土史研究家・清水昭藏さんの重要なこだわりどころ。

1 滋賀県顔出し看板スペシャル

「しがんい」のツッコミ

- **ひぐひぐ** ■ うちの近所です。道路に面した施設前にあるので、ほぼ毎日見てますので、個人的には思い入れもひとしおです。
- **あひる** ■ 「ハダカの男子」系顔出し看板ですね。顔を出して写真を撮れば元気いっぱいになれそう。
- **kondoji** ■ 注目は髪型です！ みなさんご存知の金太郎は「金太郎カット」として著名ですが、この金太郎はちょっと違って野性味あふれているものにしているそうです。
- **ひらめ** ■ 金太郎サミットがどこかで開催されたらこの看板も出張すんのかな〜？

顔出しプロフィール

- 設置時期 ■ 2004年4月〜
- 設置場所 ■ 長浜市立西黒田公民館
- 設 置 者 ■ きんたろう会
- 制　　作 ■ しがんい
- 所 在 地 ■ 長浜市常喜町500
- 電　　話 ■ 0749-62-0381
- アクセス ■ 北陸自動車道長浜ICから車で10分／JR長浜駅からバス常喜南下車、徒歩5分

コメント

作者 ■ 西黒田地区は、金太郎の伝承地。顔出し看板は当然金太郎に出番をお願いすることにした。金太郎は大人も子どももよく知っている昔話の主人公であり、「気はやさしくて力持ち」というキャラクターで有名である。このキャラクターをいかに顔出し看板に生かすか、最初は日本中さがしても、どこにもない特異な形のものにしようかと考えた。しかし、やはり地域の子どもたちに勇気と生命力を与えられるものが一番と決め、できあがったものは実にポピュラーな絵柄の金太郎となった。特徴は、腹掛けの色（黒）と金の文字の色（赤）である。これは金太郎が製鉄業に従事していたという伝説によるものである。幸いできあがった顔出し看板は移動式で、各種イベント会場に持ち運びができて便利だと喜ばれている。

これからも金太郎が心身共に健やかに育つ子どもたちの象徴として語り継がれ、人々の心のささえになってくれることを願っている。　　**清水昭藏**

設置者 ■ 西黒田地区には、金太郎が生まれ育ったという伝説があり、これを活かしたまちづくり活動を1998年からすすめています。「夢と活力 きんたろうの里　西黒田」をテーマに掲げ、「子ども相撲大会」や「金太郎絵画展」、「金太郎教養講座」の実施などを通して、西黒田は金太郎のまちづくりが、地区内はもちろんのこと、地区外にも少しずつ知られるようになってきました。今回の顔出し看板コンクールは、「きんたろうの里　西黒田」をさらに広めていく上でも貴重な存在になると考え、きんたろう会の方とも相談し、応募したわけですが、親子が顔出し看板で記念撮影をしている様子などを見かけると、金太郎伝説を知るきっかけとして、その役割を果たしてくれているように感じているところです。

西黒田地区では、青少年健全育成のシンボルとしても金太郎を掲げ、活動をすすめています。西黒田地区の子どもたちも、顔出し看板に描かれた金太郎のように力強く、のびのびと、健やかに成長してほしいと願っています。

　　　　　　　西黒田公民館館長（当時）　**田口正信**

きんたろう会は、長浜市西黒田地区に伝わる「金太郎伝説」を生かしたまちづくり活動の推進団体として、1999年に発足し、西黒田の金太郎を大きく育てるべく取り組んできました。地区内のさまざまな団体が協力して、地域をあげて取り組む子ども相撲大会や、他府県にも広がる金太郎伝説地との交流など、少しずつ活動の輪を広げています。今回の顔出し看板コンクールは、西黒田の金太郎を、道行く人にアピールするチャンスと考えて応募しました。応募した作品が優秀賞を受賞し、新聞にも大きく取り上げられるなど、看板をつくった効果はあったと考えています。

できあがった看板は、多くの人に見ていただけるよう、相撲大会はもちろん、運動会や文化祭など、地域の行事の会場に持っていきました。その際、子どもたちがすぐに寄ってきて、周りではしゃいでいる様子を見ることができました。金太郎の顔出し看板は、若い世代に金太郎伝説を継承していくうえでも、我々の大きな力になってくれたのではないかと改めて感じた次第です。

　　　　　　　　　　　　　きんたろう会

19

| 県南部 | 現役 | 通称 ■ 火まつり |

1 滋賀県顔出し看板スペシャル

顔を出してふんどし一丁になっちゃおう！

　しがんい主催のコンクールに応募された作品に、オーナーが設置を依頼して設立されたもの。毎年1月におこなわれる勝部神社火まつりで活躍する男衆の勇壮な姿を描いている。

　守山市の中山道沿いに位置する勝部神社は「勝部の火まつり」で有名な神社。火まつりは、今から約800年ほどの昔、境内に這い出た竜蛇を焼き払ったところ、天皇のご病気が快癒した故事を起源として、毎年1月第2土曜日夜に、晴雨にかかわらず行われている県指定無形文化財。火まつりには多くの人びとが集まり、境内に集められた松明の火の粉を浴びながら活躍する男衆の姿にはみな惚れ惚れする。この、男性にしか体験できない男衆のハレ姿を顔出し看板にしたところがミソ。火まつり以外の日ではなかなか伝えられない情景が、拝殿前に設置されたこの顔出し看板で伝えられている。オーナーである宮司さんもとても好意的で、危なくないように、また子どもでも顔を出せるようにと工夫して設置されている。ただ、残念ながら火まつり当日は危険なため、顔出し看板はしまわれているのでご注意を。

1 滋賀県顔出し看板スペシャル

「しがんい」のツッコミ

ひぐひぐ ■ 穴の大きさがほぼ大人の顔の大きさと同じなことと、バックが暗いので耳がくっきり見えて、とてもリアルに見えます。男だからよいけど（？）

あひる ■ こちらも「ハダカの男子」系顔出し看板ですね。ハッキリ言って好みです。

kondoji ■ ふんどしが長いとです。ちと首がないので顔を出すときはなるべく前につきだして上にあげるのがコツです。なかなかリアルな絵で迫力がありますね。女性はとくにおすすめですね。滋賀県内にたくさんある火祭りそれぞれに看板ができるといいですなあー。後は、夜になって蛍光でひかるなんてどうでしょう??

ひらめ ■ しがんい作成の看板は勇壮な男子が多かったのだ!! しかもふんどしっ！（赤面）

顔出しプロフィール

設置時期	2004年4月〜
設置場所	勝部神社
設置者	勝部神社 宮司 宮本嘉孝・美希
制　作	しがんい
所在地	守山市勝部町1-8-8
電　話	077-583-4085
アクセス	名神栗東ICから車で15分／JR守山駅から徒歩10分

コメント

作者 ■ 引っ越してきてすぐに勝部の火まつりを見に行き、その後にちょうど顔出し看板のコンクールがあったので、「これは！」と思って描いてみました。男だけが参加できる祭りなだけに、女性や子どもたちも気軽に男衆になれることを狙って、デザインを考えてみました。苦労したところは、松明と男衆を縦型の同じ看板に入れるところ。ちょっと無理がある構図かもしれません。設置者さんの勝部神社さんと色あいについて何度か打ち合わせをし、結果的に、夜の火の粉が迫力あるインパクトのある看板に仕上がったと思います。　　近藤陽子

インタビュー

——なぜ設置しようと思いましたか？

設置者（宮本美希） 顔出し看板の発想がおもしろいと思いました。以前に、京都の安倍晴明神社に置いてある晴明の顔出し看板を見ていたので、うちの神社にもこのような看板があってもいいかなと思い、設置しました。

——設置していかがでしたか？

設置者 人気があります。子どもが顔を出して親が撮影したり、中山道を歩く人たちが勝部神社に寄って、ついでにパチリということも多いです。今はカメラ付き携帯の普及で、手軽に撮れるので、ほとんどそれで撮られています。ひとつ残念なのは、火まつり当日は、すごい人になるので、危険なため顔出し看板はしまわざるをえないので、皆に見てもらえない点ですかね。

——看板ができあがったとき、どのように思われましたか？

設置者 正直言ってリアルすぎるとは思いました。実際やっている松明組の方々は「うーん」「？」という印象もあったようでした。でも、私たちは、火まつり自体でも男衆の裸がリアルなものなので、「まあいいかな」と思いました。

——その後のまわりの反応はいかがですか？

設置者 中山道ウォーキングや観光の人が立ち寄って写真を撮っていきますが、インパクトのある看板であるうえに、火まつりの日程が情報として書かれているため、かなり宣伝になっていると思います。

オマケ ■ ポータブル顔出し

持ち運び着せ替え可能 顔出し看板

しがんいは、顔出し看板コンクール実施のための資金を調達する（＝助成をもらう）ために、その審査のプレゼンテーションで「顔出し看板とは何か？」を示す必要があった。そこで、しがんいメンバーの手書きの設計書をもとに、製材所に依頼してつくってもらったのがこの看板。看板コンクール開催中は、県内各地でのPRイベントで活躍した。

汎用可能にするため、板の部分にはあえて何も描かず、イベントに合わせ別の紙に描いた絵を貼り付けて使用する。持ち運びができて、簡単な一日のイベントなどには便利。また、コンパクトなため小さな子どもでも踏み台不要、屋内でも場所をとらないすぐれもの。

山路製材所 ■ 0749-86-3112

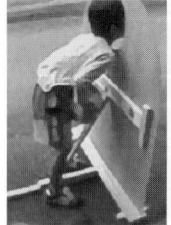

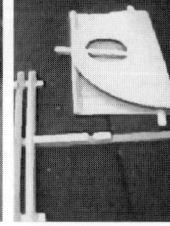

▲子どもにちょうどのサイズ　　▲部材はこれだけ。持ち運べます　　▲「えびすさん」を貼ったところ

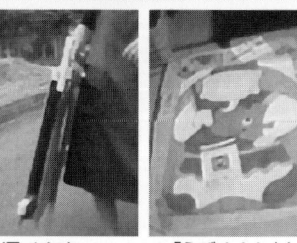

ону
滋賀県 顔出し看板セレクション 2章

県南部 まぼろし　　通称 ■ 忍者（びわ湖タワー）

思い出の「びわ湖タワーへ行こう！」

2　滋賀県顔出し看板セレクション

琵琶湖大橋の西詰、かつて大きさ日本一を誇った観覧車「イーゴス」がそびえていたレジャー施設「びわ湖タワー」といえば、滋賀県民にはなじみのスポットだ。ここにあった忍者屋敷は、びわこ博覧会終了後に購入・移築したもの。忍者の顔出し看板は、当初からあったかどうかは不明。1967年にびわ湖タワーが営業開始、翌年に忍者屋敷を移築した当時は、まだ看板はなかったようだ。しかし、1970年当時のパンフレットの写真には写っている。初代はベニヤ製、親子で撮れるように忍者がふたり並んでいる図案。その後、くの一忍者が流行したので、くの一のふたり看板もつくられたそうだが、ベニヤなので長くはもたなかった。そこで忍者2代目は鉄板製となった。

びわ湖タワーは2001年8月に惜しまれつつ閉鎖。数年後、元社長さんが敷地内に行ったときには、もう看板はなかったそうだ。

忍者は煙と消えた。

「しがんい」のツッコミ

ひぐひぐ ■ もしかしたら、見たことあるかもしんない。顔、出してたかもしんない。

ひらめ ■ 幻のニンジャな〜、幻やったんちゃう!?

あひる ■ 鉄板製とは、顔出し看板の中でも、ゴージャスランクではトップ！　顔出してみたかったなぁ〜。

kondoji ■ びわ湖タワーの忍者屋敷は閉園前に行った記憶があります。顔出し看板はあったかなあ。記憶ないですねえ。紅葉パラダイスにはなかったのかなあ。

顔出しプロフィール

設置時期 ■ 1970年頃（初代）
設置場所 ■ びわ湖タワー忍者屋敷
　　　　　　　（2001年閉鎖）
設　置　者 ■ びわ湖タワー
制　　　作 ■ 業者
所　在　地 ■ 大津市今堅田3-11-1

コメント

設置者 ■ レジャー気分を盛り上げるために設置しました。

通称 ■ チマチョゴリのふたり　　まぼろし　県南部

幻のパラダイスは韓流ブームを先取り

「しがんい」のツッコミ

ひぐひぐ ■ 滋賀県人なのに行ったことなかったので、当然知りませんでした。

ひらめ ■ すごいですやん!! その頃から韓流ブームやったんや〜〜! しかし、紅葉パラダイス懐かしい〜〜。

あひる ■ 引き続きパラダイスファンの記念写真情報求む!!

kondoji ■ やはりあったのですねえ。貴重な情報です。韓国にはあるのでしょうか。インド料理店には見たことないですねえ。昔はあったのか?

顔出しプロフィール

設置時期 ■ 1975年頃〜1984年頃
設置場所 ■ 紅葉パラダイス
　　　　　　　　　　（1998年閉鎖）
所在地 ■ 大津市茶ヶ崎4-3

　CMが懐かしいレジャー施設「紅葉パラダイス」の中の洋風レストラン前に設置されていたらしい。1998年の閉鎖から数年後、関係者の方が整理したときには、もう看板はなかった。「1984年頃にはこの看板はあったはず」とは、記憶されている関係者のお話。同じ敷地内のホテル紅葉には、当時韓国の舞踊団がよく来日し、韓国からの団体観光客の皆さんに舞台を披露していたらしい。「お客様の記念写真のために、この図案になったのでは?」とのこと。

　WEBでこの看板への情報提供を呼びかけたところ、京都市内在住というJさんから「1980年頃、町内のレクリエーションで行った時、日付がワニの立て看板になったもので集合写真を撮り、男女のチマチョゴリから兄弟で顔を出して撮った写真がある」という内容のコメントをいただいた。写真まではご提供いただけなかったのが残念。

2　滋賀県顔出し看板セレクション

25

県南部 出番待ち　通称 ■ 大津絵・藤娘（百町館）

中学生が描いた大津絵がコンクール優秀賞に

2　滋賀県顔出し看板セレクション

　この看板は、しがんいが行なったコンクールでできた新規開発作品で、図案の作者は大津市坂本の中学生（当時）江川ちひろさん。若い感性で描いた藤娘が審査委員の心をつかんだ。これからも多くの人に顔を出してもらいたい力作である。

　設置場所のまちづくり大津百町館は、もともと書店だった町家で、10年間空き家だったところを任意団体「大津の町家を考える会」の会員たちがまちづくりの拠点としてよみがえらせたもの。同会は、町家建築・町の景観などの調査等々を市民レベルで行い、大津百町館の企画運営をしている。

「しがんい」のツッコミ

ひぐひぐ ■ 斜め前の大津祭曳山展示館にあった看板（ライバル？）は、絵師さんが描いたそう。これと並べても見劣りしないし。負けてないぞ！

ひらめ ■ 藤娘ってな～ほらなんだっけ？ マンガのほら…、あの浪人の…、着流しキてるあの人に似てるよね～（わからん!!）。

あひる ■ 百町館には昔懐かしいスターの全身看板もあります。藤娘負けるな！

kondoji ■ 実は、看板作成時にいちばん手間がかかって大変だった看板です。顔の出し方にはコツが必要です。斜め下？を見下げるように出さねばです。けっこうその気になれる看板です。たまには百町館からも外に出してあげてください。

顔出しプロフィール

設置時期 ■ 2004年4月～9月
設置場所 ■ まちづくり大津百町館
設置者 ■ 大津の町家を考える会
制作 ■ しがんい
所在地 ■ 大津市中央1-8-13
電話 ■ 077-527-3636
アクセス ■ 名神大津ICから車で20分／JR大津駅から徒歩9分

コメント

オーナー ■ 作者の方とは、地元坂本でご縁があり、この図案を選ばせていただきました

ホームページ

http://hyakucyou.s11.xrea.com/

| 通称 ■ 大津絵・鬼の寒念仏 | 出番待ち | 県南部 |

伝統の大津絵・鬼になりきり！

「しがんい」のツッコミ
- **ひぐひぐ** ■ 顔出し看板コンクールのPRイベントをしたとき、ここからも看板を出してもらいPRに一役買ってもらいました。展示されていないとは残念です。
- **ひらめ** ■ 伝統的な顔出し看板の復活を願って念仏を〜。南無阿弥陀仏。
- **あひる** ■ 私の顔が最も自然にハマっている看板です（うれし涙）。
- **kondoji** ■ 完成度の高い看板です。いっそ大津絵シリーズなどどうでしょうか？

顔出しプロフィール
- **設置時期** ■ 1998年〜2005年
- **設置場所** ■ なぎさ公園〜大津祭曳山展示館
- **設 置 者** ■ 大津市物産協会（当時）

コメント
- **オーナー** ■ 江戸時代の雰囲気を盛り上げるために、高橋松山先生の大津絵を原画にして作成しました。イベントなどでまた使用するかもしれません。
びわこ大津観光協会

1998年、大津市では、市制100周年を記念して、各学区でひとつ、全部あわせて100のイベントが行われた。メインイベントは琵琶湖畔のなぎさ公園で開催され、江戸時代の大津の展示を担当した大津市物産協会（当時）が富くじとともに顔出し看板を制作、おおいに江戸ムードを盛り上げた。大津絵は、江戸時代に東海道の大津宿のおみやげとして人気のあった民画で、当時、街道沿いには大津絵を売るお店がたくさん並んでいた。この看板の原画は、4代目大津絵師・高橋松山先生の本格派「鬼の寒念仏」である。格調の高い大津絵の鬼になりきろう。顔の向きには注意して！「藤娘」もあったのに、現在、展示されていないのが本当に残念な作品である。

2 滋賀県顔出し看板セレクション

| 県南部 | 現役 | 通称 ■ 回峰行者 |

膳処で白装束？

2 滋賀県顔出し看板セレクション

　大津市坂本は比叡山延暦寺の門前町、穴太衆積みの塀をめぐらした50余の里坊が並ぶ。まち全体がゆるやかな山の斜面に面していて、比叡山を背に立てば、眼下に広がる琵琶湖の風景も素敵な、滋賀の代表的な観光スポットである。

　ここで日本料理店を営む森川茂さんは、「坂本来訪の記念になるものを、ぜひ写真というかたちで持ち帰ってほしい」と思い、顔出し看板の設置を決意された。

　回峰行とは、毎日休むことなく比叡の峰を巡り歩く修行のこと。行者は比叡山に点在するお堂や霊石、霊水などあらゆるものに礼拝して歩き、その距離は1日約30kmにも及ぶ。看板の装束は「浄衣」と呼ばれる白装束である。

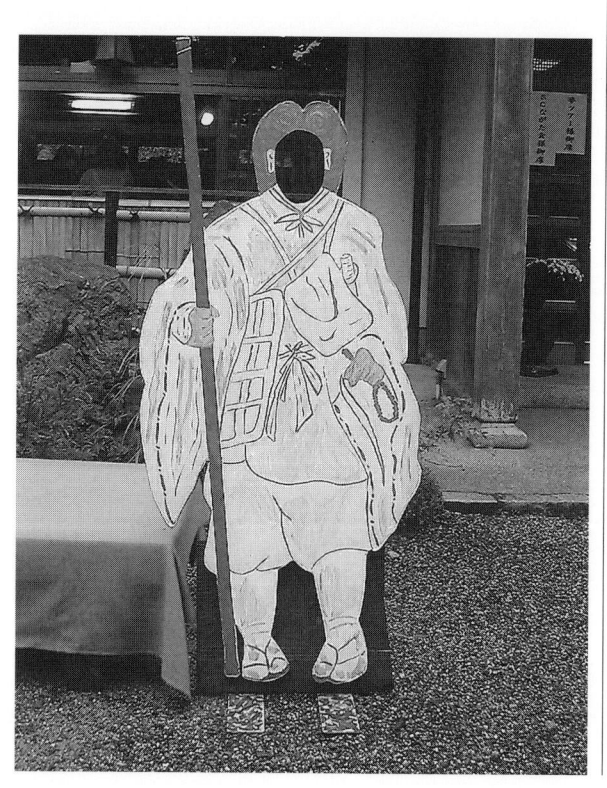

「しがない」のツッコミ

ひぐひぐ ■ 普通の人ならまず経験しない修行なのだし、白装束でもかまわないよね。

あひる ■ 「なぜ回峰行者？」という言葉を頭に思い浮かべながら、それでも顔を出してしまう。これこそ正しい顔出し看板だと私は評価したい！（キッパリ）

kondoji ■ ほー。こんなところにぃ。でも烏帽子は正面からみるとわかりにくいですなあ。耳が描いているのがミソかな。裏はどうなっているんだろ。そーいえば、高僧の顔出し看板ってあまり見ないですなあ。

ひらめ ■ 修行者だって一服したいんやわ〜。

顔出しプロフィール

設置時期 ■ 2004年春頃〜
設置場所 ■ 芙蓉園本館
設置者 ■ 森川　茂
制作 ■ 森川　茂
所在地 ■ 大津市坂本4-5-17
電話 ■ 077-578-0567
アクセス ■ 名神京都東ICから車で10分／京阪坂本駅から徒歩5分

コメント

オーナー ■ 芙蓉園のある場所は、元々「白毫院」という里坊のひとつでした。江戸時代初期の造営といわれる庭園は「池泉回遊式」で、建築や庭園を学ぶ人にも参考にしていただけるものです。

ホームページ

http://www4.ocn.ne.jp/~fuyo/

| 通称 ■ グズラ | まぼろし | 県南部 |

なぜなぜ？
博覧会会場にグズラ

2 滋賀県顔出し看板セレクション

しがんいが確認した中でもっとも古いのがこの画像である。

看板の設置場所は、1968年に大津市で開催されたびわこ博覧会会場。地面が砂利敷きになっているのがわかるが、このとき埋め立てられたばかりのこの場所は、現在の浜大津あたりだそう。調べてみると、この会場で、滋賀県はアメリカミシガン州と姉妹盟約締結をしたという記録も。ここで使われているキャラクター「おらあグズラだど」は1967年から1年間テレビで放映されたもの。当時人気のアニメだったのであろう。

博覧会はその時代の最先端技術が体感できるだけでなく、開催地の伝統や文化をあらためて知る絶好の場所。滋賀とグズラはまったくつながらないが、アニメキャラクターが「自分とともに居る」という瞬間を提供してくれるこの種の顔出し看板は、夢を与える当時の博覧会会場に、なくてはならないものだったのかも？

「しがんい」のツッコミ

あひる ■ グズラになれたらよかったのに、脇役になるみたいですね。

kondoji ■ けっこうこの写真は貴重かも。昭和43年かあ。グズラはもしやまだ白黒番組？ ならこの看板でカラー写真で撮影するとなかなか価値があったのかも。しかし、この顔出しキャラはどなたですかあ？ 思い出せない。右下に「富士フイルム」とある点にご注意を。タイアップ商品ですね。また、「記念写真をご自由にお撮り下さい」というのもなかなか今の看板にはない親切な呼びかけですね。前は許可がいるという感じだったのでしょうかね。

ひらめ ■ その横の看板も気になるな〜。おら〜ぐずらだど〜って声が蘇る〜う。

ひぐひぐ ■ というわけで、ここから顔を出してるのが私なのです。

顔出しプロフィール
設置時期 ■ 1968年
設置場所 ■ 大津市びわこ博覧会会場
所在地 ■ 浜大津付近

29

| 県南部 | 現役 | 通称 ■ 消防隊(大津) |

ちびっこだけど
火を消すぞ

2 滋賀県顔出し看板セレクション

「消防車大好き！」「大きくなったら消防士になるんや！」そんな子どもたちの夢をかなえる顔出し看板。というわけで、顔の位置も低め。子どもたちが消防署の見学に来たときのために、すぐに出せるようにしてある。イベントに出張するときも、小さな防火服、実物の消防車とこの顔出し看板は幼稚園・保育園児に大人気で、行列のできるコーナーとなるのだそう。また普段から、消防車大好きな子どもが来てお母さんに携帯電話で記念写真を撮ってもらっている。現役バリバリの看板なのだ。

「しがんい」のツッコミ

ひぐひぐ ■ 蛍光色を使ったものは斬新ですね。ちょっと目がちかちかしそうだけど。

ひらめ ■ おまけとかフィギュアにありそうな絵柄ですよね〜。ちびっ子も大好きだわきっと。

あひる ■ 本当に小さいので、子ども専用です！

kondoji ■ 消防車からのホースがつながったりすると、ふたつの看板が合体して楽しそうです。

顔出しプロフィール

設置時期 ■ 1997年頃〜
設置場所 ■ 大津市消防局中消防署
設置者 ■ 大津市消防局中消防署
制作 ■ 大津市消防局中消防署署員
所在地 ■ 大津市御陵町3-1
電話 ■ 077-525-0119
アクセス ■ 名神大津ICから車で20分／京阪別所駅から徒歩3分

コメント

設置者 ■ この看板は署員の手づくり。10年くらい前に開催の「防火・防災推進大会」に合わせて、大津市消防局で作成されました。老朽化がすすんでいますが、色を塗り直しながら使っています。

ホームページ

http://www.city.otsu.shiga.jp/fire/

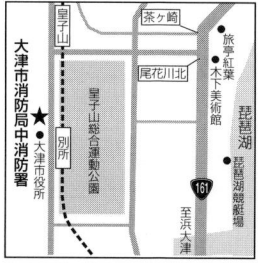

| 通称 ■ 消防隊(草津) | 現役 | 県南部 |

とっても大切にされている
手づくり消防隊です

「しがんい」のツッコミ

ひぐひぐ ■ これを見て初めて、子どもサイズが意外と少ないことがわかったわ!!

ひらめ ■ ちびちび看板がかわいい〜〜〜!! 空気マスクが描かれているのが妙にリアル。

あひる ■ ちびっこ集まれ！ 団体で来てもOK。

kondoji ■ 本格的な手描きの看板です。4人兄弟らしいので、ぜひお名前を。

顔出しプロフィール

設置時期 ■ 1994年頃〜
設置場所 ■ 湖南広域行政組合西消防署分署
オーナー ■ 湖南広域行政組合
制　　作 ■ 梅影厚広
所 在 地 ■ 草津市野路町大ノロ1417
電　　話 ■ 077-552-1234(本部代表)
アクセス ■ 名神栗東ICから車で15分／JR南草津駅から徒歩10分

コメント

作　者 ■ 年間通じて子どもたちに消防署に来てもらう機会があり、記念に残してもらえるようなものがないかと考えつくったもの。オリジナリティがないとダメだと全部手描き。壊れるようなものはダメ。完成品をめざしました。こんなに使ってもらえるとは思っていなかったけれど、おかげさまで消防競技大会や広報用としてけっこう使っていただいています。バタバタとつくったので結構アラもあるので、もっとちゃんとつくっておけば良かったなと考えています。**梅影厚広**

滋賀県顔出し看板セレクション 2

　消防署員さんが、子どもたちが消防署のことを覚えて、何か記念に残してほしいということで、観光地の顔出し看板をヒントに、12年前ぐらいに手づくりしたもの。風に飛ばされないように、コンクリート型枠用の肉厚の板を用いて、ディテールにこだわった各隊員の姿が手描きされている。子どもたちが顔を出しやすいように、2頭身にデフォルメされており、隊員が持っているマスクなどの持ち物にもこだわった細かな造形がされている。

　現在でも、消防競技大会や啓発活動に引っ張りだこで、その活躍を続けている。とくに、啓発などで働いた後で戻ってきたときには、ちゃんと汚れを落としてもらい、さらに補修もされ、いつでも出勤できるように保管されているとのこと。そのためか、12年という古さをまったく感じさせない、とても美しくかわいいでき映えが継続している。とっても大切にされている顔出し看板だ。「消防士看板」「救急隊看板」「切り抜き看板」などと呼ばれているらしい。あえて、各看板には名前は付けていないとのこと。

31

| 県南部 | 現役 | | 通称 ■ ビワコオオナマズ |

琵琶湖の環境を考える一枚

2 滋賀県顔出し看板セレクション

　しがんい主催のコンクールに応募された、中本奈津美さんの作品。

　琵琶湖には、固有種といって琵琶湖だけにしかいない生物がいる。その代表として愛されているのが、ビワコオオナマズである。体長は1mを超え、重さ20kgになるものもいるらしい。主に北湖に住むが、草津市の沖でも網にかかることもある。

　看板が設置されている「道の駅草津グリーンプラザからすま」は、地元産の農産物や特産品など、草津ならではのものがいろいろ。レストランでは、近江米のおいしいおにぎりやヘルシーなハス梅うどん、また、オリジナルのあおばなソフトクリームなどが楽しめる。体験農園では、季節の果実・野菜・花の摘み取り、芋掘りなどもおすすめ。湖周道路のドライブの時には、寄ってほっと一息、そして顔出し看板で記念写真を。顔出し看板で琵琶湖にすむ魚たちの気持ちになってみて！

「しがんい」のツッコミ

ひぐひぐ ■ 琵琶湖畔の「道の駅」にぴったしの看板ですね！
ひらめ ■ 個人的には最初につくったポータブルの顔出し看板を思い出させるこの看板……。
あひる ■ ビワコオオナマズの顔は広くて憎めないのです。
kondoji ■ もっとも写真を撮られている看板ではないですかね。いつもこの場所に設置してもらっています。設置後は日付と場所名が入ってさらに進化しています。よくみると、モノトーンのナマズなんですなあ。

顔出しプロフィール

設置時期	■ 2004年4月〜
設置場所	■ 道の駅草津グリーンプラザからすま
設置者	■ 道の駅草津グリーンプラザからすま
制作	■ しがんい
所在地	■ 草津市下物町1436
電話	■ 077-568-1208
アクセス	■ 名神栗東ICから車で25分／JR草津駅からバス烏丸半島行きで25分、グリーンプラザからすま下車すぐ

コメント

オーナー ■ 写真を撮る子どもさんやご家族も多く好評です。つくってよかったと思っています。

ホームページ

http://www.karasuma.co.jp/

通称 ■ たぬきの置物　　まぼろし　県南部

「信楽」といえば、やっぱりたぬき

2 滋賀県顔出し看板セレクション

「しがんい」のツッコミ

ひぐひぐ ■ 焼き物のたぬきはどれも横長の顔。だから人間の顔とは合わないのです。すでに顔が黒く「化けて」しまってることに気づかされます。

ひらめ ■ 看板下の中たぬき小たぬきたちがなんともいえずええです。ここも写真に入れてね！

あひる ■ 私たち、これから"化ける"わよ。こんなかわいいたぬきなら化かされたいかも。

kondoji ■ 出ましたー。必ずあると信じていた信楽たぬきですねえ。しかししかししかーし、どーせならぜひ陶器でつくってくださーい。大きな信楽焼もいっぱいあるのでできますよねー。あの質感がやはり必要なのでは？わしゃ、陶器に入ってみたいゾ。

顔出しプロフィール

設置時期 ■ 1985年～2006年6月
設置場所 ■ 信楽陶苑たぬき村
設置者 ■ 信楽陶苑たぬき村
制作 ■ 業者
所在地 ■ 甲賀市信楽町牧1293-2
電話 ■ 0748-83-0126
アクセス ■ 名神八日市ICから車で35分／信楽高原鐵道雲井駅から徒歩10分

ホームページ
http://www.tanukimura.com/

信楽には約1200年前、離宮があった。壮大な建築物のために必要な瓦を地元で焼いたのが信楽焼が盛んになるきっかけともいわれている。優れた陶土と燃料の木材に恵まれ、その後も産業として発展した。

天皇の行幸が信楽にあったとき、沿道の歓迎の人で埋め尽くすことができず、たぬきの焼き物を置いて歓迎した。それが全国に報道され、一気に信楽＝たぬきというイメージが定着。たぬきには「八相縁喜」といって、八つの縁起ものを持っているといわれる。

この看板、残念ながら破損のため現在はないが、再度設置の予定はあるそう。たぬきにあやかりたい人は、看板がよみがえったらぜひ記念写真を。

| 県南部 | 現役 | | 通称 ■ 忍者（忍術村） |

豊かな自然の中で目立つ忍者！

2 滋賀県顔出し看板セレクション

「甲賀の里忍術村」では、この絵柄のような忍者の衣装を身に着けて、手裏剣を投げるなどの忍者体験ができて、忍者気分を満喫できる。以前は6枚くらいあったそうだが、風雨にさらされ壊れたため減り、現在2枚の看板となった。

滋賀県の甲賀と三重県の伊賀にかけての地域は昔から交流があり、ともに忍者のふるさととして知られている。映画や時代小説で華やかな活躍を見せる忍者だが、その歴史や実像については、残された資料・文献も少なく、よくわかっていない。甲賀の里忍術村は実際の忍者屋敷を移築して忍者の資料・実物を展示してあるので、忍者のことを知りたい人におすすめ。毎年恒例の忍者イベントも開催されている。

「しがんい」のツッコミ

ひぐひぐ ■ しかし忍者服は赤いのかなあ？ 緑には映えてますが……。

ひらめ ■ やっぱり「ニンニン！」って言うやんな〜。そしたら笑顔にもなるしね〜。

あひる ■ 顔出し看板の正統派、手づくり感あふれるベニヤ製です。大仏の手は忍者映画で実際に使われたモノだとか！ すご過ぎ。

kondoji ■ ちなみに、衣裳もレンタルしていますよね。やはり「変身」なんでしょうか。しかし、なんでがに股？なんですかね。あまり軽やかではないですなあ。颯爽なポーズも良いと思うのですが。

顔出しプロフィール

設置時期 ■ 1990年代半ば頃〜
設置場所 ■ 甲賀の里忍術村
所在地 ■ 甲賀市甲賀町隠岐394
電話 ■ 0748-88-5000
アクセス ■ 名神栗東ICから車で国道1号を土山方面へ、徳原交差点よりJR甲賀駅方面へ30分／JR甲賀駅から送迎バスで5分

コメント

オーナー ■ 観光のお客さんに衣装を貸し出しているが、もっと手軽に記念写真を撮りたいという要望があったので看板をつくりました。

ホームページ

http://www.ninja.hello-net.info/

| 通称 ■ 忍者（忍術屋敷） | 現役 | 県南部 |

大人でも3頭身キャラになれる！

2 滋賀県顔出し看板セレクション

「しがんい」のツッコミ

ひぐひぐ ■ 忍者がちょうど飛び上がったところなのかな、これは。だから3頭身キャラになれる？

ひらめ ■ ニンニンっ！ あたしだってこのーになれるわよん!!

あひる ■ 忍者の本場、甲賀地域は顔出し看板でも忍者激戦区。この看板はマンガタッチでかなり完成度は高い。耐久性もよさそう！

kondoji ■ 女の子がピンクで男の子がブルーというのはやや最近では変わってきていますね。今の戦隊物ではブルーは女性です。折れ曲がった構造はなかなか工夫のあとがありますね。風に強いのでは。でも本当は忍者って百姓や町人の姿だったんですよね。

顔出しプロフィール

- **設置時期** ■ 1992年頃～
- **設置場所** ■ 甲賀流忍術屋敷
- **制　　作** ■ 業者
- **所在地** ■ 甲賀市甲南町竜法師2331
- **電　　話** ■ 0748-86-2179
- **アクセス** ■ 名神栗東ICから車で35分／JR甲南駅から徒歩25分

コメント

設置者 ■ 訪れた方に忍者の気分を味わってもらえようにとつくりました。大人も子どもも、非常に高い確率で記念写真を撮っていただいているように思います。

ホームページ

http://www.kouka-ninjya.com/

「甲賀流忍術屋敷」として公開されているのは、甲賀武士五十三家の筆頭、望月出雲守が実際に住宅として使っていたもの。建てられたのは元禄年間（1688～1703年）とされている。一見普通の住宅、ところが内部は特殊な構造で、外敵から身を守れるようになっている。

このかわいい忍者の看板は2代目か3代目。同じ図柄だが、忍者の色が黒から青へ、また塗料もペンキからアクリル系へと耐水性も上がっているのだ。

まずは屋敷内で忍者になりきり！ どんでん返しを体験してからこの看板で記念写真を撮れば、忍者気分も最高潮！

館内で販売されている忍者グッズとともに、隣町Tの造り酒屋・望月酒造（実は望月家の親戚）の「甲賀忍者」という銘柄の酒も、要チェック。

| 県南部 | 現役 | | 通称 ■ 茶つみ娘 |

ハート型2連発、あいの土山

2 滋賀県顔出し看板セレクション

　東海道の宿場町・土山は、難所鈴鹿峠のふもとのまち。信楽の朝宮茶とともに、古くから滋賀県のお茶の産地として有名である。

　「道の駅あいの土山」の名物は、地元産のお茶を使った食べ物。お茶入りのおまんじゅう、ソフトクリーム、そしてうどんまで。この名産にちなんで、道の駅ができた当初から看板が置かれているという。お客さんにも好評だ。帰宅してからお茶入りのお菓子を食べ、茶つみ娘になった記念ショットをながめると、よりおいしいはず。

「しがんい」のツッコミ

ひぐひぐ ■ 農作業女性ってのは、意外と魅力的だー！ モデル次第か？

ひらめ ■ ちゃっきり娘って、茶切り娘のこと!? あら関係なかったの？ ふと思い出した……。

あひる ■ あなたのハートをつみます！ つみます！（2連発）

kondoji ■ 実はよーく見ると陰影があって立体的に描かれています。ちゃんと絵心のあるかたが作成したのでしょうか。

顔出しプロフィール

設置時期 ■ 1993年〜
設置場所 ■ 道の駅あいの土山
設 置 者 ■ 滋賀県茶業協会、土山町観光協会、道の駅あいの土山
制　　作 ■ 業者
所 在 地 ■ 甲賀市土山町北土山2900
電　　話 ■ 0748-66-1244
アクセス ■ 名神栗東ICから車で国道1号を亀山方面へ1時間／東名阪自動車道亀山ICから車で大津方面へ30分

コメント

設置者 ■ たくさんのお客様が写真を撮ってくださっています。1代目の看板はベニヤ製で痛みが激しくなったため、2006年夏に同じデザインでつくりなおしました。

ホームページ

http://www.ainotutiyama.co.jp/

| 通称 ■ 源義経・静御前 | | 現役 | 県東部 |

タッキーの大河ドラマ覚えていますか?

「しがかんい」のツッコミ

- **ひぐひぐ** ■ 下にいる、アニメチックな義経が男前すぎるかも〜?
- **あひる** ■ 大河ドラマの記念碑になるのかな。ジャニーズ系顔出し看板と呼ぶべきか。
- **kondoji** ■ 陰影なども本物以上のリアリティです。元服時の背景を復元しても良かったと思うのですが。
- **ひらめ** ■ 静御前の左手が上がってるのがなんとも素敵!

顔出しプロフィール

- 設置時期 ■ 2004年〜
- 設置場所 ■ 道の駅竜王かがみの里
- 設置者 ■ 道の駅竜王かがみの里
- 制作 ■ 業者
- 所在地 ■ 蒲生郡竜王町鏡1231-2
- 電話 ■ 0748-58-8700
- アクセス ■ 名神竜王ICから車で10分/JR近江八幡駅からバス20分鏡バス停下車すぐ

コメント

オーナー ■ おかげさまで人気のようです。烏帽子ドームをバックに撮影してもらおうと考えて設置しました。ずっと出しっぱなしなんですが、いまだにいたずらされたことはありません。もっといろいろなテーマで顔出し看板をつくりたいです。

道の駅駅長

ホームページ

http://www.rmc.ne.jp/kagaminosato/

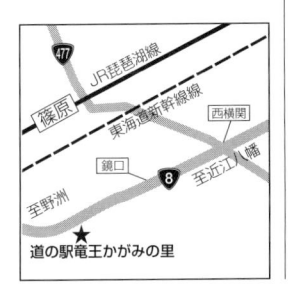

2 滋賀県顔出し看板セレクション

2004年に放映されたNHK大河ドラマ「義経」をふまえて、道の駅「竜王かがみの里」に観光案内所が開設されたのと同時にこの顔出し看板も設置された。ここ鏡地区は大河ドラマ「義経」の主人公・牛若丸が元服し、初めて源九郎義経と名乗りを上げた場所として有名。道の駅に立ち寄る家族連れや子どもたちが写真を撮って利用している。業者さんがつくったためか今風のすっきりした写実的なデザインになっている。

ちなみに、大河ドラマ「義経」展も開催し、義経役・滝沢秀明が番組収録で着用した元服時の衣装も展示されたが、その直垂(ひたたれ)衣装が顔出し看板にもなっている。

この顔出し看板はつねに24時間体制ということで出しっぱなしである。現在も駐車場の片隅に夜も立って顔を出す人を待っている。雨風、雪にも耐えている義経と静御前である。過労で倒れないことを願うばかりだ。

37

| 県東部 | 出番待ち | 通称 ■ アルプスの少女ハイジ |

お花畑、といえばハイジ？

2 滋賀県顔出し看板セレクション

　国道307号沿いでひときわ目を引く三角屋根の欧風の建物が「道の駅あいとうマーガレットステーション」。野菜や果物の直売所のほか、ジェラートやクッキーの買えるコーナー、体験工房、レストラン、ハーブグッズのそろうショップなど施設が充実、県内屈指の「おしゃれな」道の駅である。

　建物の周辺に広がる畑では、春は菜の花、初夏はラベンダー、夏はひまわり、そして秋はコスモスが咲き誇る。これら花のシーズンに合わせてかつて活躍したのがこの看板。「花と少女」って、取り合わせとしてはあまりにもステレオタイプ。ハイジって本当は山で過ごす少女なのだけど、かわいいから許す？

　きれいな色づかいの原画を忠実に模写、色褪せや朽ちた箇所もないのだが、残念ながら現在は倉庫に眠ったままである。復活を望む！

「しがんい」のツッコミ

ひぐひぐ ■ 絵がリアルでいい！　ホンマに復活してほしいよなぁ。

あ ひ る ■ 滋賀県にいてアルプスの記念写真が撮れる。なぜアルプス？

kondoji ■ ついに出ました。アニメキャラの心臓とでもいうべき顔を抜いてしまうという勇気ある看板です。ファンにとっては心痛い図でもあるかな。犬（ヨーゼフ）も抜いちゃいましょう。クラはいりませんかぁ。

ひらめ ■ ♪ひょ～ろろろ～ろいほ～ろい～ほい～ろいほ～♪ひょ～ろろろ～ろいほ～ろい～ほいほ～ああ～～アルムの山に行った気分！

顔出しプロフィール

設置時期 ■ 2000年～2001年
設置場所 ■ 道の駅あいとうマーガレットステーション
制　　作 ■ 愛東町役場（当時）
所 在 地 ■ 東近江市妹町184-1
電　　話 ■ 0749-46-1110
アクセス ■ 名神八日市ICから車で7分／近江鉄道八日市駅からバスで20分

ホームページ

http://www.aito-ms.or.jp/

通称 ■ ひまわり　　出番待ち　県東部

家族揃ってひまわりです

滋賀県顔出し看板セレクション 2

「道の駅あいとうマーガレットステーション」での顔出し看板設置は、1度ではなかった……。ハイジに続き、2002年につくられていたのがこれ。バックの青は、夏の青空をイメージさせる鮮やかなもの。ひまわりなので設置時期は夏限定か。大人ふたり、子どもふたり、それぞれに手も出せるユニークさはあるが、顔を出す部分のまん丸さが気にかかる。顔はうまくはまるのだろうか？　上下端のペンキが剥がれかけているも残念である。

きけば、ハイジもひまわりも、転倒を危惧して常設を控えたのだそう。湖東平野のほぼ中心に位置するこの道の駅のあたり、たしかに風は強い。しかしながら、ひまわりの咲く夏休みは子どもたちもたくさん訪れるはず。修復のうえ、ハイジとともに再び設置されることを期待する。

「しがんい」のツッコミ

ひぐひぐ ■ 顔が絶対はみ出そうかも。それを確認するためにも、顔を出してみたい。

あひる ■ 一度は誰だってひまわりのように明るく大きな花を咲かせたいもの。その願いをかなえよう。

kondoji ■ 4人いないと完成しないというのがミソですな。また、手も出せるとは。かなり怪しい図？になりそうです。結構大型ですなあ。色合いがきれいです。

ひらめ ■ ♪だれのためにさいたの〜（注）歌詞禁止!?　（古っ）ひまわり娘になれる！（知らんがな……）

顔出しプロフィール

設置時期 ■ 2002年〜2003年
設置場所 ■ 道の駅あいとうマーガレットステーション
制　　作 ■ 愛東町役場（当時）
所 在 地 ■ 東近江市妹町184-1
電　　話 ■ 0749-46-1110
アクセス ■ 名神八日市ICから車で7分／近江鉄道八日市駅からバスで20分

ホームページ
http://www.aito-ms.or.jp/

県東部 **まぼろし**　　通称 ■ ソフトクリーム

数少ない
無生物タイプ

2 滋賀県顔出し看板セレクション

「ええとこ探検隊会議室」で目撃談が飛び交った、ソフトクリームの形をした顔出し看板。看板のあった「滋賀農業公園ブルーメの丘」は、ドイツの田舎町と農業をテーマにしたテーマパーク。広大な敷地には四季折々の草花が咲き誇り、体験施設や、動物と触れ合えるコーナー、バーベキューやパン、ソーセージなど「食」に関する施設も豊富である。

この看板は、そのうちのひとつ、ソフトクリームハウス「ビルネ」の前に設置してあったという。残念なことに、台風による破損のため現在は存在しない。施設の方にも尋ねてみたが、「今後もつくる予定はない」とのこと。一方、同施設内「小動物ふれあい広場」に、新たに顔出し看板の設置を計画・制作中という最新情報もあり……。

「しがんい」のツッコミ
ひぐひぐ ■ 足元が円柱状なのは足が隠れるためですね。
あひる ■ 見る人を幸せにしますね。あ、でも冬は寒そうか？
kondoji ■ コーンが地中に潜っているという図なのですね。
ひらめ ■ ここは場所柄、ソーセージとか串に刺さったお肉とか、いろいろつくれば楽しそう！

顔出しプロフィール
設置場所 ■ 滋賀農業公園ブルーメの丘内ソフトクリームハウス「ビルネ」
制　作 ■ 「ビルネ」スタッフ
所在地 ■ 蒲生郡日野町西大路864-1
電　話 ■ 0748-52-2611
アクセス ■ 名神八日市ICから車で20分または名神竜王ICから30分

ホームページ
http://www.blumenooka.jp/

| 通称 ■ となりのトトロ | 現役 | 県北部 |

トトロのふかふかお腹にのってるよ！

滋賀県顔出し看板セレクション 2

JR米原駅近くの住宅地「さくらが丘団地」の裏山一帯はトトロの森。トトロはもちろんメイがいてサツキがいて、ネコバスが停まる（？）バス停だってある。

これは地元自治会が地域の子どもたちの健全育成をめざして手づくりしたもの。その評判は口コミで広がり、視察団が来ることもあったそう。

この顔出し看板は、これらのつくりもののひとつで、トトロのふかふかお腹から顔が出せるようになっている。当初は山の中腹に設置してあったが、2006年の春に近くの幼稚園から貸し出しの依頼があり、いったん取り外した。色を塗り直して、現在は米原市内の幼稚園で使われているという。

「しがんい」のツッコミ

- **ひらめ** ■ トトロの絵に囲まれたこの団地全体が、ファンタジーなトトロの世界です。
- **あひる** ■ うちの子にも何度見せたことか。それが顔出し看板に。（感無量）
- **kondoji** ■ トトロにしがみついている様子でしょうか。ぜひネコバスとマックロクロスケもお願いしまーす。
- **ひぐひぐ** ■ これだけのものをつくるとは！ 地域のお母さんお父さんの愛情を感じます。

顔出しプロフィール

- **設置時期** ■ 2000年1月～2006年4月
- **設置場所** ■ 米原市内の幼稚園
- **設 置 者** ■ さくらが丘自治会
- **制　　作** ■ さくらが丘自治会
- **所 在 地** ■ 米原市内

コメント

- **設 置 者** ■ まちづくりの方策として団地の裏山をトトロの森にすることが決まり、山にトトロの絵を描きました。もちろんスタジオジブリや地主さんの許可はいただいています。見学に来られる方を見ていると、少し離れた住宅の前あたりから、山のトトロの絵を風景写真として撮られる方が多いことがわかりました。来ていただいた方自身も写真に残していただくため、「顔出し看板をつくろう！」ということになったのです。
  さくらが丘団地自治会　成宮守

41

| 県北部 | 現役 | 通称 ■ いぶきやさぶろう |

伊吹山を股にかける やさぶろう

2 滋賀県顔出し看板セレクション

　伊吹山といえば、伝説上の勇者として日本武尊(やまとたけるのみこと)は有名だが、伊吹弥三郎という大男の民話もあることは意外と知られていない。この看板は、米原市（旧・伊吹町）在住の伊賀並愛さんが、弥三郎のことをもっと広く知ってもらおうと、しがんい主催のコンクールに応募し、最優秀賞に選ばれたもの。看板上部には簡単なストーリーが書かれてあり、民話の中で語られた伊吹山や姉川の成り立ちがわかる。

　しがんいでは、コンクール入賞作品に対しオーナーを募ったのだが、そもそもこの絵に該当する観光施設がなく、応募がなかった。最優秀作品にもかかわらずこの看板の設置はあきらめざるをえないのかと途方に暮れていたところ、地元有志によるグループから申し出があり、伊吹山文化資料館とともに2枚も設置されることに。平成の大合併でなくなった「いぶき」の名前を、今も発信し続けている。

「しがんい」のツッコミ

ひぐひぐ ■ 診療所という場所柄、地元の人にたくさん顔を出してもらって、この伝説を知ってほしいです！

あひる ■ 植え込みの木も、立体感を出してくれていますね。うれしい。

kondoji ■ 伝説の説明文入りのものですね。なかなか実直なデザインですねえ。それほど知られていない（？）伝説なので、読んでいただくと話もわかるし、一石二鳥ですな。までも、どんな顔だったんやろって疑問が起こるかな？

ひらめ ■ やさぶろう伝説って、ほんと！ええ話なんです〜。県内最高峰伊吹山万歳！

顔出しプロフィール

設置時期 ■ 2004年4月〜
設置場所 ■ 米原市国民健康保険伊吹診療所
設置者 ■ 伊吹診療所を愛する会
制作 ■ しがんい
所在地 ■ 米原市上野985-2
電話 ■ 0749-58-0045
アクセス ■ 北陸自動車道長浜ICから車で10分／JR近江長岡駅から車で5分

ホームページ
http://www.biwa.ne.jp/~hatabo/

実は双子だった!?
もうひとりのやさぶろう

コメント

作者 ■ 顔出し看板のデザイン募集のことは、家族がネット経由で教えてくれました。最優秀賞に選ばれたことは驚きです。診療所と資料館前の顔出し看板を見るたびに、今でも照れくさい気持ちになります。合併で伊吹町の名前はなくなってしまいましたが、「伊吹山」そして「いぶきやさぶろう」は永遠に不滅です。

伊賀並愛

設置者 ■ 私たちは常々、日頃大変お世話になっている所長(当時)への感謝の気持ちを、何か形あるものでお返しできないかと考えていました。「看板のオーナー募集」の話を耳にしたのはちょうどそんな時。すぐにオーナーになって贈呈することを決めました。所長は絵の中のやさぶろうのように、「伊吹を股にかける男」ですから。

伊吹診療所を愛する会代表 後藤洋明

オーナー ■ 顔出し看板は、伊吹診療所の顔としてまだ残しています。地元の人は私がつくったと思っている人もいるようです。設置された当時は、実習に来た研修医や学生が、来院の記念によく写真を撮っていましたよ。

米原市国民健康保険伊吹診療所長(当時) 畑野秀樹

顔出しプロフィール

- 設置時期 ■ 2004年4月〜
- 設置場所 ■ 伊吹山文化資料館
- 設置者 ■ Mt.伊吹吹奏楽団
- 制作 ■ しがんい
- 所在地 ■ 米原市春照77
- 電話 ■ 0749-58-0252
- アクセス ■ 北陸自動車道長浜ICから車で10分/JR近江長岡駅からバス、ジョイいぶき下車、徒歩8分

コメント

オーナー ■ 伊吹山の伝説の大男「いぶきやさぶろう」の顔出し看板が来てから、来館される親子連れの方が記念写真を撮っていかれます。湖北以外ではあまり知られていない弥三郎伝説のことがよくわかるので、職員にさらにくわしく尋ねられる方もいます。特別な活用はしていませんが、看板の、弥三郎の黄色い着物と山の緑色が映えて、玄関先が明るくなったような気がしています。かなり重量があるので、子どもたちに倒れてこないか心配で、後に重しのブロックをふたつ置きました。何度かの台風にも負けなかった頑丈さでしたが、一度倒れて補修しました。でも、傷や色落ちもなく、当分資料館の入口でお客様のお出迎えをしてほしいと思っています。

伊吹山文化資料館学芸員 髙橋順之

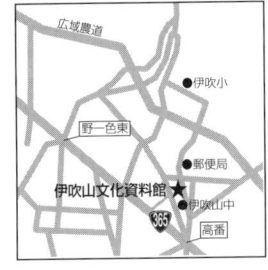

2 滋賀県顔出し看板セレクション

43

県北部 / 現役 / 通称 ■ 消防隊（米原）

子どもたちへの防火PRに出動

2 滋賀県顔出し看板セレクション

　看板を所有する消防署が管轄するのは、しがんいが行なった顔出し看板コンクール最優秀作品「いぶきやさぶろう」の地元・米原市。この顔出し看板に刺激を受けた署員の発案で、消防署にちなんだ看板を地元の業者に制作を依頼したのだそう。

　米原市内の保育園・幼稚園では「幼年消防クラブ」が組織されている。この看板が主に活躍するのは、これらの園を順にまわって毎年開催される「防火ふれあいの広場」である。また、地元小学生らが社会見学に訪れるときにも看板は目立つところに設置され、注目を集めるという。

　男性消防士は3頭身であるのに比べ、女性がかなりのミニスカートでスリムなのはご愛嬌？　平面的でベタ塗りの看板はよく目にするが、服の陰影などが緻密に描かれたスプレー画の看板が存在することがマニアには嬉しいかも。マンガ風だが、よく見ると、装具がリアルに描かれていることも要チェック。

「しがんい」のツッコミ

kondoji ■ CG使用のエアーブラシ的で立体的ですねえ。微妙に遠近感がちがうような……。消防隊看板も全国にありますね。大津のものともまた違う立派なものですねえ。やはり制服は人気なのか。

あひる ■ どの看板を選ぶか、選択の自由があってうれしいかも。

ひらめ ■ 絵柄は微妙にアラレちゃんを思い出す……。女子の消防士さんてかっこいい！

ひぐひぐ ■ んでも、ちょっとこのスカートは短すぎないか？

顔出しプロフィール

設置時期 ■ 2004年10月〜
設置場所 ■ 湖北地域消防本部米原消防署
設 置 者 ■ 湖北地域消防本部米原消防署
制　　作 ■ 業者
所 在 地 ■ 米原市長岡2811-1
電　　話 ■ 0749-55-0108
アクセス ■ 名神米原ICから車で5分／JR醒ヶ井駅から徒歩25分

コメント

オーナー ■ この顔出し看板は、2004年10月の消防競技大会開催時に制作しました。「子どもたちが、消防署を身近に感じてくれる防火PRグッズをつくりたい」との思いからです。看板3体はアクリル板で半永久使用可能。署員の知り合いの看板屋で、安価に制作していただきました。

通称 ■ **虎姫**　　現役　県北部

阪神タイガースの「勝利の女神」!?

「しがんい」のツッコミ

- **ひぐひぐ** ■ 新装なった駅と看板は、色合いが意外と合っています。
- **ひらめ** ■ 阪神ファンの方なら必須顔出しでっす!!
- **あひる** ■ 道路工事を連想する色合い、交通安全にもご利益ありそう。
- **kondoji** ■ まるでアイコンのような力強いタッチが好きです！ 虎刈りの人どうぞ。

顔出しプロフィール

- **設置時期** ■ 2003年〜
- **設置場所** ■ JR虎姫駅
- **設 置 者** ■ 虎姫町商工会
- **制　　作** ■ 虎姫町商工会
- **所 在 地** ■ 東浅井郡虎姫町大寺1029-1
- **電　　話** ■ 0749-73-4060(虎姫町商工会)
- **アクセス** ■ 北陸自動車道長浜ICから車で10分／JR虎姫駅下車すぐ

　阪神タイガースがリーグ優勝した2003年、JRでは唯一「虎」の字がつくという虎姫駅の駅前に「虎神殿」が設置されると、タイガースの優勝を祈る人たちがぞくぞくとこの神殿に訪れた。駅では優勝祈願の記念切符を販売してこのブームに便乗、マスコミ取材も賑やかにおこなわれたという。

　そもそもこの地名は「虎御前」という女性の名前から由来している。つまり「虎姫」は、阪神タイガースにとっての勝利の女神なのである。地元ではこのブームをさらに盛り上げるために、姫の顔出し看板をつくろうということに。神殿と顔出し看板は、ワンセットで駅前観光を盛り上げた。

　2006年の北陸本線の直流化にともない駅が改装された後も、顔出し看板は、神殿とともに廃棄されることなく乗降者を見守っている。

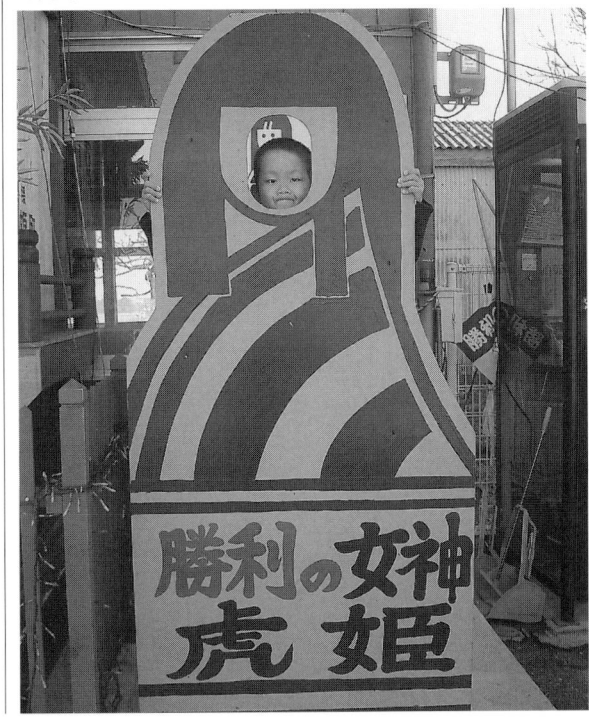

2 滋賀県顔出し看板セレクション

45

| 県北部 | 現役 | 通称 ■ 浅井長政・お市 |

長政とお市、夫婦水いらず

2 滋賀県顔出し看板セレクション

　モデルは小谷城城主浅井長政とその妻お市。「東国一の美人」と誉れの高かったお市は、兄・織田信長による政略によって長政と結ばれたとされるが、ふたりの仲はよかったと伝えられている。

　この顔出し看板は、毎年10月に小谷山の麓で開催される「小谷城ふるさと祭り」のために制作された。しばらくは年に1度しか出番のなかったこの看板、やがて2006年にNHKの大河ドラマ「功名が辻」が放映されると、湖北地域で開催された「北近江一豊・千代博覧会」の観光キャンペーンに合わせて、ふるさと祭り会場近くの児童館の玄関横に常設されていた。キャンペーンも終わり、現在は再びお蔵入り。祭りの日が来るのを待っている。

　最寄のJR河毛駅前にも似た像がある。ふたりはこのまちのシンボルなのである。

「しがにい」のツッコミ

ひぐひぐ ■ ここ数年で何度も移動。歴史に翻弄されている夫婦だ！

あひる ■ 雰囲気出てますね。

kondoji ■ 子ども用かな？　ちょっと背が低い感じですが。当時はこんな感じで夫婦が横に並ぶってことはほとんどなかったでしょうね。

ひらめ ■ 看板本体は移動が多かったらしく、すこしお疲れのようですが、長政・市の姿は健在です!!

顔出しプロフィール

設置時期 ■ 2002年10月～
設置場所 ■ 「小谷城ふるさと祭り」会場（開催時のみ）
設置者 ■ 小谷城ふるさと祭り運営委員会事務局
制　作 ■ アドベン
所在地 ■ 東浅井郡湖北町郡上139
電　話 ■ 0749-78-8305（湖北町まちづくり課）
アクセス ■ 北陸自動車道長浜ICから車で15分／JR河毛駅から徒歩25分

コメント

設置者 ■ 「小谷城ふるさと祭り」は、戦国時代の華やかであった小谷城とその城下町に思いを馳せ、浅井長政やお市の方にまつわる文化遺産を生かそうというものです。この看板は、2002年開催時にPR用に作成したもので、イベント開催中しか設置していません。撮られているときにすごく恥ずかしがってテレ笑いする人、受けをねらって面白い顔をする人などさまざまで、見ているこちらも楽しいです。
小谷城ふるさと祭り運営委員会事務局

46

通称 ■ 浅井長政一家　　現役　県北部

長政一家勢ぞろい

2 滋賀県顔出し看板セレクション

　看板の置かれている須賀谷温泉は、小谷山の麓、ちょうど湖北町児童館とは峰を越えて隣に位置する。設置は「昭和の終わり頃」というから、このあたりでは比較的古い部類に属する。この看板、実は2004年10月に本館をリニューアルした際、旧館の脇に寂しく追いやられた時期があったのだが、しがんいの取材がきっかけで再び日の目を見ることに。現在は本館前に堂々と鎮座している。

　長政、お市夫婦に加えて、お茶々、お初、お督の三姉妹が並ぶ総勢5人用とは豪華！　設置場所が温泉なだけに、「家族そろってくつろいで」ということだろうか。顔は取り外しが可能で、人数が足りないときは、写真のように「顔板」で補うことができるのがユニーク。

「しがんい」のツッコミ
- **ひぐひぐ** ■ いちばん左の「顔板」が妙に無表情……。
- **あひる** ■ 歴史を知る人なら、どの人を選ぶでしょう。選択の妙を味わえます。
- **kondoji** ■ うーん。良い味出してますねえ。この実直なつくりがよいですなあ。きっとあまりにもよくできたので、顔を抜くのが惜しくなってしまったのですねえ。赤い湯の温泉に入ってる図でもよいのかも。
- **ひろめ** ■ 看板の現役復帰を心からうれしく思っています。

顔出しプロフィール
- 設置時期 ■ 1980年代後半頃〜
- 設置場所 ■ 須賀谷温泉
- 制作 ■ 先代社長と社員
- 所在地 ■ 長浜市須賀谷町36
- 電話 ■ 0749-74-2235
- アクセス ■ 北陸自動車道長浜ICから車で10分／JR河毛駅から徒歩25分

コメント
- **オーナー** ■ 顔出し看板は当館の玄関先に置いています。頻繁とはいえませんが、お客さまが気に留め記念撮影をされることもあり、当館の運営に謙虚に貢献してくれています。これをつくったのは、先代社長とその友人のアイデアだったようですが、先代は2005年他界しました。人柄が出ている、ユニークで心温まる顔出し看板だと思います。

ホームページ
http://www.sugatani.co.jp/

47

| 県北部 | 現役 | 通称 ■ 山内一豊・千代（公民館） |

一豊・千代 顔出し看板第1号

2 滋賀県顔出し看板セレクション

　山内一豊の妻・千代といえば、内助の功を発揮して持参金で馬を買い、夫の出世を願ったことが戦前の教科書に載り、「良妻賢母　大和なでしこの鑑」として一躍有名になった人物である。この千代の生家は米原市（旧・近江町）の飯にある。千代は、隣の集落・宇賀野にある長野家で一豊の母に見初められ、一豊の妻となったのである。

　この看板は、2006年の「北近江一豊・千代博覧会」の開催に先駆け、その前年2005年5月にJR坂田駅前で開催されたイベント用につくられたものである。当初、イベント開催当日の日付が入っていたが、翌年になると出番も増え、日付部分は塗り替えられた。現在は近江公民館に設置されている。

　一豊・千代の看板は、博覧会ブームで北近江一帯にできたが、この看板が第1号。子ども用には木製の踏み台が用意されていて、無理なく顔をはめられる。

「しがんい」のツッコミ

ひぐひぐ ■ 1日だけのイベント用には薄いベニア製でも十分かと思いましたが、まだ使ってるとのこと! 朽ちないうちに補強を望む…。

ひらめ ■ 手づくり感あふれる折りたたみ式で、色もクリアです。男女パターンの看板中ではピカイチ?

あひる ■ 顔出し看板も奥様と馬とでワンセット。一豊公はキャラのひとり立ちは難しいのでしょうか。

kondoji ■ パソコンぽい画像ですね。アニメっぽい図柄ですね。どうせなら馬の顔もあけてほしかったかな?

顔出しプロフィール

設置時期	■ 2005年5月〜
設置場所	■ 米原市近江公民館
設置者	■ 米原市近江公民館
制作者	■ 藤林麻弥ほか当時近江町役場職員
所在地	■ 米原市顔戸1513
電話	■ 0749-52-3483
アクセス	■ 名神米原ICから車で5分／JR坂田駅から徒歩20分

コメント

作者 ■ この看板は、一豊公と千代様、名馬を描いたものです。この顔抜き看板（顔出し看板）を利用していただくことによって、近江町（現・米原市）が、「内助の功」の言葉とともに有名になった夫妻にゆかりのある土地であったことなど、この地と、看板に描いた人物との歴史的背景やつながりを学んで、印象づけてもらえたらいいと願っています。　藤林麻弥

| 通称 ■ 山内一豊・千代（母の郷） | 現役 | 県北部 |

みんなで苦闘してつくりあげた「功名が辻」

2 滋賀県顔出し看板セレクション

「しがんい」のツッコミ
- **ひぐひぐ** ■ 枠があるのはなかなか珍しいですね。絵に納まった気分になれそー。
- **ひらめ** ■ 顔出し看板の歴史が変わった！「シャドウボックス」なんて初めて聞きました！
- **あひる** ■ 全体的にポップな色調とデザイン。若さを感じます。
- **kondoji** ■ 斜め横から見てみてくださいっ。

顔出しプロフィール
- **設置時期** ■ 2006年1月〜
- **設置場所** ■ 道の駅近江母の郷
- **設置者** ■ 近江母の郷駅長　森政一
- **制作** ■ 蒲生美恵、青木照男、滋賀県立大学環境科学部2回生金森則明、同人間文化学部2回生洪正光、中村耕太（いずれも当時）
- **所在地** ■ 米原市宇賀野1364-1
- **電話** ■ 0749-52-5177
- **アクセス** ■ 名神米原ICから車で10分／JR田村駅から徒歩15分

ホームページ
http://www.omihahanosato.jp/

2005年10月、しがんいのメンバーのひとりkondojiが、大学で「『顔出し看板』づくりのススメ―地域のものがたりを活かしたまちづくり―」という公開講座を開いた。この看板は、この講演を聴いた米原市の道の駅近江母の郷の森政一駅長が、kondojiに制作を依頼したもの。kondojiは滋賀県立大学内で制作担当者を募ったところ、学生3名が立候補して制作が始まった。デザインは、しがんいの顔出し看板コンクール応募作品の中でも和服の描き方に定評のあった、長浜市の蒲生美恵さんに素案をお願いした。そこに、kondojiが平面を立体に見せる「シャドウボックス」の手法からヒントを得て、たんに一枚の板に絵を描くのではなく、板を人や馬のかたちに何枚か切った上で貼り付け、重ねて厚みを出すという、国内の顔出し看板でもほとんどない珍しい手法で制作を試みた。看板の枠などは地元米原市の木工を趣味とする青木照男さんが担当、多くの人の手のかかった看板である。

県北部 まぼろし　通称 ■ 山内一豊・千代（時遊館）

一豊公の出世はこの地から始まった！

2 滋賀県顔出し看板セレクション

　町の歴史や文化の交流活動拠点として1997年につくられた虎姫時遊館。裏には、青銅製の鏡が発掘されたことで知られる「丸山古墳」があり、さらにその北には、虎姫の地名の由来となった「虎御前」の伝説の残る虎御前山が、なだらかな稜線を描いている。この山は織田信長が小谷城を攻めたときに陣を構えた場所としても有名だ。虎姫もまた、湖北の他の市町同様、史跡の多い土地なのである。

　しかし意外と知られていないのが、賢妻千代のおかげで出世したとされる山内一豊が、400石の知行地を受け初めての領主となった場所が、この町内の唐国区であったこと。この顔出し看板は、彼を主人公としたNHK大河ドラマ「功名が辻」放映の前年（2005年）に、ブームを見越してつくられた。放映に合わせて開催された「北近江一豊・千代博覧会」の公式サイトでも、顔出し看板設置場所一覧の中に、そのひとつとして紹介されていた。

「しがんい」のツッコミ

ひぐひぐ ■ 博覧会がつくった同様の看板もありますね。そっちの方がリアル……。

ひらめ ■ 顔のくり抜き方が楕円じゃなくてていねいですよね〜。

kondoji ■ 千代の右手は何を指さしているのでしょう？

あひる ■ この馬、私が買って差し上げましたのよ！

顔出しプロフィール

設置時期 ■ 2005年〜2006年
設置場所 ■ 虎姫時遊館
設 置 者 ■ 虎姫町役場総務企画課
制　　作 ■ 業者

コメント

設置者 ■ 土佐25万石の藩主となった一豊公の出世は、唐国から始まったといわれています。そのため町では、大河ドラマでのブームを予測して、いち早く顔出し看板を作成しました。一豊公の側にはもちろん「内助の功」千代様がぴったりと寄り添っています。背景には唐国四百石の碑が立っています。　**虎姫町役場総務企画課**

| 通称 ■ コハクチョウと夕日 | 現役 | 県北部 |

コホクチョウの
コハクチョウ

2 滋賀県顔出し看板セレクション

「しがんい」のツッコミ
ひらめ ■ 作者はしがんいのコンクールで入選していたプロの看板屋さんです！
ひぐひぐ ■ これは顔が夕日になるという珍しいパターンですね。
あひる ■ お客さんのうち、記念写真を撮った人、どれくらいでしょう？
kondoji ■ きれいにまとまっているレイアウトで、さすがプロの技です。描かれている島はやはり竹生島かな。ならばカワウが飛んでいるのかな。

顔出しプロフィール
設置時期 ■ 2005年1月～
設置場所 ■ 道の駅湖北みずどりステーション
設置者 ■ 道の駅湖北みずどりステーション
制　作 ■ アドベン
所在地 ■ 東浅井郡湖北町今西1731-1
電　話 ■ 0749-79-8060
アクセス ■ 北陸自動車道木之本ICから車で10分／JR河毛駅からタウンバス湖北野鳥センター下車すぐ

コメント
制作者 ■ 大勢の人の集まる道の駅に設置して訪れた人たちの思い出になればと、道の駅駅長さんにお願いし玄関横に置かせていただきました。風が強く吹きつけますので、倒れないように安全第一に工夫してます。　アドベン 北川勉武
オーナー ■ 顔を出して撮る人と撮ってもらう人の会話を、聞くとはなしに聞いていると、私も嬉しくなってきます。　道の駅駅長 村方義昭

ホームページ
http://www.mizudori-st.co.jp/

「湖北町の鳥」はコハクチョウ。毎年10月から翌3月の冬の間に、数百羽のコハクチョウが湖北地方にやってくる。とくに、この施設のすぐ近くにある早崎内湖ビオトープには、毎年たくさんのコハクチョウが飛来しており、その数は年々増加しているという。

この顔出し看板が設置されている「道の駅湖北みずどりステーション」のすぐ隣には、湖北野鳥センターがあり、一帯は、鳥の観察をする人や夕日を撮る写真家などで賑わう観光地となっている。

ところでこの看板、穴があいているのは、人間や生き物の顔の部分ではない。コハクチョウが手前にいて竹生島の横という位置関係からして、さしずめ夕日なのであろうか？　では右下の穴は??

| 県北部 | 現役 | | 通称 ■ 農夫婦 |

仲のいい農夫婦

2 滋賀県顔出し看板セレクション

　高月町東物部区は、戸数約100、湖北平野の中心にある典型的な農村。古い農村の生活様式や文化、風俗が比較的残っていることから、著名な民俗学者も調査に訪れている。

　この看板のある「ふるさと文化資料館萬蔵館」は、かつて使われていた生活道具や農具を展示し、後世に伝えようと、空家となっていた民家を改装して、1990年に開設された。この看板は、その翌年夏、当時の滋賀県知事の来訪に合せて設置されたもの。夫婦そろって頰被りした手拭いの上に麦わら帽子というペアルックは、のどかな農村風景に合っていて微笑ましい。豪雪地のため、冬場（12月から3月）は休館となるが、看板は屋外設置で自由に写真を撮ることができる。

「しがんい」のツッコミ

ひぐひぐ ■ 男性と比べて、女性の服装はいったいいつの時代のものだ？　足元から朽ちかけているのも気になりますぅぅ。

あひる ■ 都会から来た「イケてる」カップルも、一瞬にしてナイスなウィークエンドファーマー！

kondoji ■ かなり全国的にみても異色のデザインですねぇ。普通は無理矢理にでも特徴を出そうとして無理無茶無謀のデフォルメをするのですが、この看板はそのようなこともなく自然にほっこりとしたデザインですねぇ。で、知事は顔を出したのでしょうか。足がああああ。

ひらめ ■ ほんと、のどかだワ〜。やっぱり人間仲良く農作業せにゃああかんよね。

顔出しプロフィール

設置時期 ■ 1991年〜
設置場所 ■ ふるさと文化資料館萬蔵館
設置者 ■ 東物部区
制作 ■ 北川忠五郎ほか有志
所在地 ■ 伊香郡高月町東物部808
電話 ■ 0749-85-2746
アクセス ■ 北陸自動車道木之本ICから車で10分／JR高月駅からバス国道物部下車徒歩5分

通称 ■ ツタンカーメンの黄金マスクとスフィンクス　　現役　県北部

ピラミッドパワーの顔出し ここにあり

2 滋賀県顔出し看板セレクション

「しがんい」のツッコミ

- **あ ひ る** ■ ええなぁ! 滋賀でエジプト。これぞまさに顔出し看板の醍醐味。
- **ひぐひぐ** ■ 「七千年の時」だけじゃなく、空間も越えてきてますよね。アンバランスの極み！ いいかもっ！
- **kondoji** ■ ピラミッド型に切り取られている看板です。穴の位置から考えると、大人が王で、子どもがスフィンクスっていうのは、ちょっとかわいそうかな。
- **ひ ら ま** ■ 王のマスクとスフィンクスから顔出しなんて、これ以上のパワーある看板はないわ〜。後ろには子ども用の台もしっかりついています。

顔出しプロフィール

- 設置時期 ■ 2006年9月〜
- 設置場所 ■ 北近江リゾート
- 設 置 者 ■ 北近江リゾート
- 制　　作 ■ 業者
- 所 在 地 ■ 伊香郡高月町唐川89
- 電　　話 ■ 0749-85-8888
- アクセス ■ 北陸自動車道木之本ICから車で5分／JR木ノ本駅からバスで横山下車、徒歩3分

コメント

- 設 置 者 ■ 話題を呼んだエジプト館の移設によって、この施設が湖北の観光拠点のひとつになれば、また、子どもたちの学習にも役立つことを願っております。顔出し看板で記念撮影の後、エジプト館アプローチ通路のレリーフ「ファラオとクイーン」の前で、同じ格好で仲良く撮影される方が増えております。 エジプト館担当　川村

ホームページ

http://egyptkan.arakis.jp/

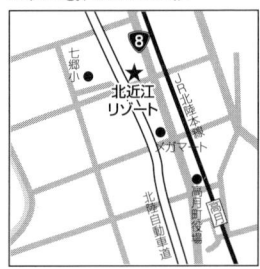

　北近江リゾートは、静かな田園地帯の真ん中にたたずむ日帰り専用の総合リゾート施設。天然温泉の入浴施設にレストランやカフェが併設されていて、一日優雅に過ごせる癒しのスポットである。

　ここに愛知県で開催された「愛・地球博」に出展されていたエジプト館の建物が移設されてきたのは、2006年秋のこと。館内には、万博開催の時に展示してあったツタンカーメンの黄金マスク、玉座、ロゼッタストーンなど約60点が展示されている。さらに音と光の演出により、幻想的な空間がつくりだされているが、これは移設後加えられたものである。

　さて顔出し看板は、ピラミッドの背景に、ツタンカーメンの黄金のマスクの顔出しとスフィンクスの顔出しというこれまた豪勢な取り合わせ。左下に小さく描かれているのは「オウミッコ」。エジプト館のオリジナルキャラクターである。

53

県北部 現役　　通称 ■ 鎧武者

鎧武者参上！
天下分け目の合戦場

2 滋賀県顔出し看板セレクション

　琵琶湖八景のひとつ賤ヶ岳は、北に余呉湖、南に琵琶湖を見下ろすことができる標高422mの山。この看板は、羽柴秀吉と柴田勝家による天下分け目の合戦場をPRするため、地元の観光協会が立てたものである。

　山頂への設置となると風による倒壊が心配されるが、基礎の部分は地中に埋め込んであり、山に吹く風に十分耐えている。

　看板設置場所のすぐ横には、一等三角点の柱石があって、ここが頂上であることがわかる。おそらく県内最高峰に位置する顔出し看板であろう。

「しがんい」のツッコミ

kondoji ■ インパクト一番のデザインです。とくに背景の青緑色が特徴的。周囲にあわせた色でしょうか。鎧甲も本格的で、ちゃんと鹿紙入れ？もあります。

あひる ■ この看板で記念写真を撮ると、落ち武者ももれなくついてくる、なんてウワサはありませんか？

ひらめ ■ 実は合戦陣営の砦の多くは余呉湖より北方面なんですよ。背景が余呉湖なんて、設置された方の配慮に拍手！！

ひぐひぐ ■ 知らない人が見たら、背景の湖は琵琶湖って思うかも。余呉湖がんばれ！

顔出しプロフィール

設置時期 ■ 1996年〜
設置場所 ■ 賤ヶ岳山頂
設 置 者 ■ 木之本町観光協会
制　　作 ■ NS企画
所 在 地 ■ 伊香郡木之本町大音
電　　話 ■ 0749-82-5909（木之本観光協会）
アクセス ■ 北陸自動車道木之本ICから車で5分／JR木ノ本駅から徒歩30分（麓まで）

コメント

制 作 者 ■ 当地は戦国時代の代表的な合戦である「賤ヶ岳の戦い」の行われた場所ということで、力強い鎧武者のイラストを描こうと考えました。また、この看板を見られた方が「ぜひ記念写真を撮って帰ろう」と思っていただけるよう、インパクトのあるものにもしたいと思いました。役場の方と2人で死にそう(!?)になりながら、看板を持って登った日が思い出されます。　NS企画 小畑昌三

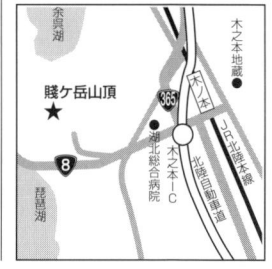

| 通称 ■ 天女の羽衣 | まぼろし | 県北部 |

天女が舞い降りた余呉湖畔

滋賀県顔出し看板セレクション 2

「しがんい」のツッコミ

- **ひぐひぐ** ■ 着物の曲線が優美です！
- **あひる** ■ これぞ、あってほしい観光地に、きっちり存在している看板！ 破棄されたのが残念でなりません。
- **kondoji** ■ 全国に羽衣顔出しは多そうです。きっとこれもその一枚でしょう。絵柄をみるとやや中国系が入っていますねぇ。貴重な一枚ですね。
- **ひらめ** ■ 約20数年前のこの看板、すごい手が込んでます〜。飛びそうな羽衣の感じが看板にも出てます！

顔出しプロフィール

- **設置時期** ■ 1981年頃〜1987年頃
- **設置場所** ■ JR余呉駅前
- **設置者** ■ 国鉄余呉駅（当時）
- **制　作** ■ ナカムラタダアキほか国鉄余呉駅職員有志
- **所在地** ■ 伊香郡余呉町下余呉1745

コメント

写真提供者 ■ この写真を撮ったのは、昭和60年頃、私が小学校2、3年の夏だと思います。余呉湖畔で遊んだ帰り、電車を待ってる間に撮ったものです。子どもの頃は電車に乗る機会もあまりなかったですし、あの頃はすごく遠くへ行った様な気がしていましたが、今ではすっかり余呉町民です。　　　　**田中香織**

　JRがまだ国鉄であった頃、「余呉駅前を盛り上げよう」と、当時の職員さんたちが作成したのがこの看板。天女の羽衣伝説は全国にいくつかあるが、余呉に残る伝説では、天女から生まれたのが菅原道真であり、幼少の頃、地元の菅山寺（かんざんじ）で学んでいたとされている。駅から歩いて数分の余呉湖畔に、この天女が衣を掛けたとされる「衣掛柳」があることから、天女の羽衣を題材とした看板が考案された。当初は職員さんたちによって何度か色も塗り替えられ保護されていた。国鉄がJRになってからもしばらく設置されていたが、風化して危険なため取り外したのだとか。その後しばらくは駅の倉庫にあったが、いつの間にか廃棄処分されてしまった。

　2006年、余呉駅前は北陸本線の直流化にともない整備された。ロータリーを広くするために、写真の背景にある木もなくなっている。この写真は、当時の景色を残しているという点においても貴重である。

| 県西部 | 現役 | | 通称 ■ マキノの四季 |

そうだ マキノで遊ぼう

2　滋賀県顔出し看板セレクション

　マキノの四季の魅力が余すところなくプリクラ風にデザインされていて、若いセンスを感じるこの看板は、マキノ中学校美術部の手づくり。同時にもう1枚看板がつくられたそうだが、そちらの方は現在お蔵入りとのことで、残念ながら見ることはできない。

　マキノは全国でも数少ないカタカナの町であるだけでなく、海津港は、琵琶湖の水運の要所として、北陸からの物資を京都や大阪方面へ運ぶ丸子船の出入りで賑わったところ。また、日本スキー黎明期から大会が開かれたリゾートの歴史のある土地としても知られている。冬の湖畔では、北の国からやってきた渡り鳥が飛び回り、陰鬱な気分になりがちの薄暗い雰囲気を一掃してくれる。冬だけでなく、春は海津大崎の桜並木、夏はキャンプと琵琶湖での湖水浴に魚釣り、秋は栗拾いと、四季を通して自然を楽しめる。

　こんなマキノには、四季を通して観光客が絶えない。

「しがんい」のツッコミ

- **ひぐひぐ** ■ カラフルで手づくりっぽいところがいい！
- **ひらめ** ■ 春の桜、冬の雪ダルマ、秋の紅葉、夏は？　アヒルですか!?
- **あひる** ■ プリクラが一世風靡した頃の時代らしい顔出し看板ですね。
- **kondoji** ■ 飛行機国際線でもこんな枠を貸し出すサービスがありました！

顔出しプロフィール

- **設置時期** ■ 2000年頃〜
- **設置場所** ■ JRマキノ駅
- **設置者** ■ マキノ町観光協会
- **制作** ■ マキノ中学校美術部学生
- **所在地** ■ 高島市マキノ町西浜神田1243
- **電話** ■ 0740-28-1188（マキノ町観光協会）
- **アクセス** ■ 名神京都東ICから車で2時間／JR湖西線マキノ駅下車すぐ

コメント

- **オーナー** ■ 観光客の方に喜んでいただいているようです。

ホームページ

http://www.ex.biwa.ne.jp/~maki-kan/

| 通称 ■ ガリバー | 現役 | 県西部 |

残念ながら等身大のガリバーです！

滋賀県顔出し看板セレクション 2

　高島でガリバーによるまちづくりが大きく盛り上がったのは「ガリバー青少年旅行村」が開村した1987年から1988年頃。この顔出し看板も、その頃に「おそらく業者によってつくられたのでは」とのことだが、それにしてはプロ的というよりはやや手づくり感があって好ましい。「記念写真など撮るために他所にそういうものがあったので、うちもということでつくられたのだろう」ということだが、どういう経緯で誰が発起したかなどは不明。また、現在は屋内遊技場の舞台片隅にひっそりと立てかけられているので、なかなか気づかれにくい。その構造や痛み度合いからも、外に常設して使用したというよりは、内部に保管して、団体等がきたときに持ち出して使用していたのではないだろうか。

　さて、このガリバーの元ネタはどこからであろうか。欲を言うならば、小人や建物を足もとに小さく描けばガリバーらしいのになと思う。

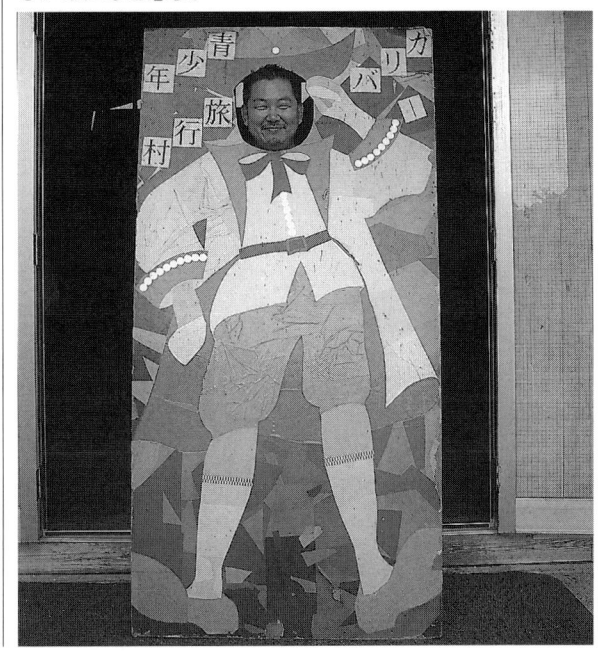

「しがんい」のツッコミ

ひぐひぐ ■ ガリバーが巨人であることを示す、ちっちゃな人間が描かれているといいのにな。所在地を示す上部の文字がなかったら、誰なんだかわかんない～。

あひる ■ JR高島駅前のガリバー像は巨大で、3月には「確定申告はお早めに」という巨大なタスキをしています。でも、この看板のほうが市民に支持されてそうですね。

kondoji ■ 切り絵のようなデザインがほのぼのとしてますね。

ひらめ ■ うわ～っ！　これこれ！　こういう看板あたし大好き！

顔出しプロフィール
- **設置時期** ■ 1987年～
- **設置場所** ■ ガリバー青少年旅行村
- **所在地** ■ 高島市鹿ヶ瀬987-1
- **電話** ■ 0740-37-0744
- **アクセス** ■ 名神京都東ICから車で2時間／JR湖西線近江高島駅から江若バス畑行き、鹿ヶ瀬道下車、徒歩50分

ホームページ
http://gullivervillage.com/

57

まぼろしの一品 ■ 忍者(甲賀ファミリーランド)

30年前の顔出し看板です！
「甲賀ファミリーランド」忍者屋敷

この昭和50年代の貴重な写真は、今はなき「甲賀ファミリーランド」（1985年閉園）の忍者屋敷にあったとされる顔出し看板を撮ったものである。この遊園地は、甲西町（現・湖南市）山中にあったとされている。この忍者親子顔出し看板がその後どうなったのかは、誰も語らない。

(写真提供：川崎真紀氏)

2 滋賀県顔出し看板セレクション

顔出し看板論 I

近藤隆二郎

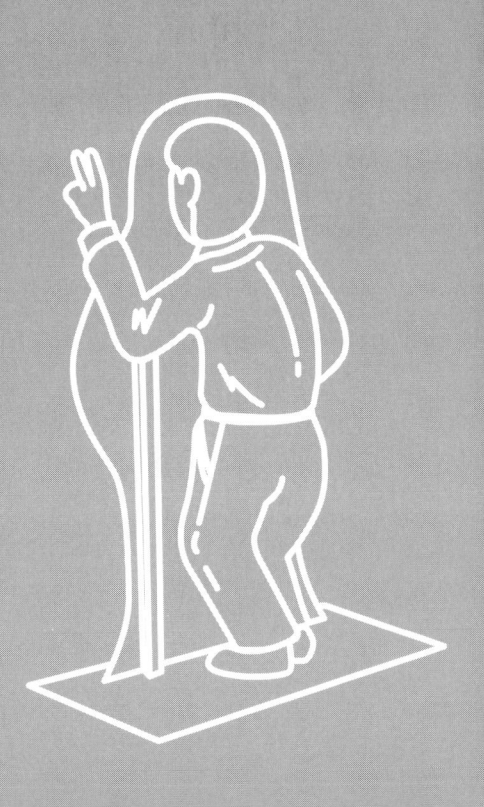

3章

顔出し看板とは何なのか

顔出し看板の歴史や誰が発案したのか、あるいは日本古来のものなのかなどについてはよくわかっていない。1893年シカゴ万博ではないかという説もあるようだが詳細は不明である。現在では、海外にも見受けられるし、それが必ずしも日本人観光客向けのものというわけでもないらしい。おぼろげな記憶や往時の画像、残存する看板の古さなどから推測すると、おそらくは35mmカメラが大衆化した観光旅行ブームと連動することはほぼ間違いないだろう。観光地でカラーフィルムをもちいて写真を写す。そして台紙のついたアルバムに三角コーナーシールで貼り込み、旅の記憶をとどめる。そのような行為が大衆化した時代に、受け止める観光地側でいつしか流行していったものではないだろうか。1960年代から80年代あたりが流行のピークではなかっただろうか。

観光に密着した「顔出し看板」

その頃の観光と言えば、巨大バスをつらねて、これまた巨大旅館や温泉に団体で宿泊するという団体旅行が中心であり、観光地とはそのような団体さん向けに対応するようにでき上がっていたのである。団体客にとって、記念写真は大切な観光アイテムであり、風景や名勝を切り取って持ち帰ることは、お土産を持ち帰るのと同じぐらいに重要な行為であった。そこで、フィルム会社が広報宣伝を積極的におこなっていったのである。各社のフィルムのシェア争いは激しく、自社のフィルムを販売するためのノベルティ合戦や広報宣伝活動は盛んであり、顔出し看板もそのアイテムのひとつとして捉えられたのである。つまり、「富士（フジ）カラー」や「サクラカラー」などとロゴが看板に入ってるモノもあり、これらの顔出し看板はフィルム会社とのタイアップで作成されたものである。そう、写した写真の中に宣伝が入り込んでいたのである。このような観光地における流行や企業による宣伝活動により、全国的に顔出し看板の設置は流行していったのであろう。

ところが、団体観光が徐々に終焉を迎え、個人観光や小グループ観光が主流になるにつれて、やや観光地の戦略と顔出し看板とがミスマッチを生じるようになる。とくに、従来の巨大観光地であった別府に対して湯布院がとった観光戦略が典型例であるように、「上品」で「女性」をターゲットとした方針が成功をはじめると、それに応じた観光地づくりの手法において、顔出し看板は脚光を浴びなくなり、ひっそりとしまわれたり廃棄される運命になってきたのである。女性誌をターゲットとした観光地づくりの場合、グルメ、温泉、景観の中で顔出し看板は埋もれていった。1990年代では、観光地では残存しているものの日陰の存在であったのではないだろうか。

このように、ひっそりと引退を待っていた顔出し看板だが、近年になって、再度脚光を浴びるようになってきている。マニアックなコレクターの対象としての匂いはまだまだ根強いものの、各地で顔出し看板のリニューアルや新設なども聞

こえてくるようになった。その背景には、カメラがデジタル化し、レンズ付きフィルム、さらにはプリクラ（プリント倶楽部）の流行とカメラ付き携帯電話の普及がある。つまり、今度はフィルムカメラとは異なり、気軽なメモ感覚で写真を撮るという文化が入ってきたのである。それまでの写真とは、フィルム代から現像代プリント代までかかるまで、「きれいな」「良い」風景を一コマずつ大切に写したのだったが、これらのデジタル化によって、とりあえず写す、なんとなく写すといった態度が許されるようになった。すると、きれいな画像を撮らねばという肩の力が抜け、オモシロイ写真や発見した写真を見せ合うという交流ツールとしての写真になってきたのである。

顔出し看板を専門？に制作しているもたい看板店の礨貴秀氏は「近年、カメラ付き携帯はそんな顔出し看板にもってこいのツールなのです。顔出し看板は、その場で撮って遠方の知人にリアルタイムで愉快なショットを見せることのできる最新アイテムになっているのかもしれません」と語っている。

また、ホームページ等でも画像データは爆発的に増加し、気軽にさまざまな画像を検索できるようになったのである。とくに、プリクラは一説には「デジタル顔ハメ」とも呼ばれており、その画像はまさに顔出し看板的であるとも言えよう。ただし、プリクラと顔出し看板と決定的な違いは、顔出し看板は撮る／撮られるという関係が主体間に存在するのに対して、プリクラは、撮られる×2という関係だけが存在する。各地の顔出し看板でも、カメラ付き携帯で撮影する姿を見ることがよくある。プリクラにおいても、地域限定のものや地域限定の"枠"がある。「大阪城限定」などの言葉がプリクラ機に見える。画像をご当地から持ち帰るということでは、顔出し看板の行為と非常に似ているものとも言えよう。

マニアックな存在であった顔出し看板が表舞台に出てきたのは、2004年に開催された浜名湖花博（しずおか国際園芸博覧会）であろう。「しずおか花めぐりPHOTOラリー」と称して、全市町村にわたる100強の顔出し看板を設置してその写真コンテストをおこなったのである。顔出し看板のコンテストではなくて、顔を出した写真のコンテストなのでややマニアックな路線ではあるものの、業者が作成した画一的な看板群は逆にそれまでの個性乱立していた顔出し看板の世界ではやや異質ではある。2005年の愛・地球博の会場にも顔出し看板は設置されていたということなどからは、顔出し看板は不滅であるとも言えよう。

顔出し看板がなぜ生み出されてきたのかを探るために、周辺の類似現象からたどってみよう。そのために、顔出し看板を、「看板」というメッセージを訴える部分と、「顔出し」という顔をくり抜いた部分とに分けて考えてみる。

看板という形態

看板の歴史に関する文献等において、顔出し看板に関する記事や論考等は見られない。江戸の広告などにおいても顔出し看板へとつながるようなものはみつけることができない。歌舞伎などの絵看板には、役者の宣伝として人目をひく派手なものが好まれたという。しかし、役者の命でもある「顔を抜く」という発想自体はありえないものだっただろう。顔を抜いてしまえば、役者ではなくなってしまう。

やはり、顔出し看板は、カメラの一般

3 顔出し看板論Ⅰ

大衆への普及から生まれてきたものであろう。富士フイルムの社史によれば、1958（昭和33）年あたりから、カラーフィルムが大衆化されはじめたという。1950年代の半ばから、35mmカメラ、とりわけレンズシャッター式カメラの需要が大きく伸びた。35mmカメラは、小型軽量で携帯に便利であり、レンズやフィルムの性能が向上した結果、広く一般アマチュアの間へも愛用者が増えていった。1964（昭和39）年に開かれた東京オリンピックを機に、アマチュア写真家の間にカラー写真への関心が高まった。1968（昭和43）年からは、ママさん市場の写真需要拡大を目標に、"ファミリーフォトキャンペーン"を開始し、女性層に対して写真の普及を図ったという。

1970年代に入ると、白黒写真はカラー写真に代わるようになり、写真といえばカラー写真を指すようになった。写真撮影の中でカラー写真の占める比率は、1965（昭和40）年には10％前後にすぎなかったが、1970（昭和45）年には40％を超え、1970年代の半ばには80％近くにまで達したという。カメラの世帯普及率も、1965（昭和40）年に約50％であったのが、1968（昭和43）年には60％に、1973（昭和48）年には70％を超えた。カラー写真の増加とカメラ普及率の上昇によって、アマチュア写真市場は大きく拡大したのである。

このようなカメラの普及と観光地への旅行キャンペーン等の中にあって、1960～1970年代ぐらいに、顔出し看板が生み出されてきたと考えられるだろう。古い顔出し看板、おそらくはこの時代に作成されたものの多くには、「フジカラー」「コニカカラー」などという文字が看板に入っている。フィルム普及の営業活動と看板制作とは連動していたと考えられる。富士フイルム営業部に尋ねてみると、地元の写真屋さんからの申し出により、半額負担で作成したことがあるということであった。要は、カメラで撮る対象としての風景をフレーミングしたものであり、宣伝広報のためにロゴを入れたということなのだ。

1970（昭和45）年、大阪で開催された日本万国博覧会は大盛況のうちに幕を閉じたが、その後の鉄道旅行客の需要落込みを防ぐために、当時の国鉄が企画したのが「DISCOVER JAPAN」キャンペーンだった。さまざまなメディアを駆使した大型キャンペーンで、多くの人々に旅の魅力をアピールし、旅客誘発に大きな成果を果たしたという。このあたりの観光とはどのようなものだったのだろうか。昭和38年頃の、旅行関係の新聞記事スクラップを入手した。ちょっと風俗的な側面も持つ記事であり、観光記事もB級である。残念ながら顔出し看板のヒントはなかったものの、関連している動きがあったので紹介してみよう。

図1では、現在でも北海道でされているアイヌの民族衣装を着る体験が既にこの頃から観光客向けの目玉となっていたことがわかる。既に、「変身」という願望は観光という旅の大衆化の中でも生まれつつあるとも言えよう。また、図2で

▲図1 アイヌが招く道南コース（1963年）

▲図2 菊人形の二本松（福島県）（1963年）

は、「出しものは、菊人形にはつきものの宮本武蔵巌流島の決闘、名月赤城山、いれずみ判官、野狐三次、慶安太平記の丸橋忠弥と、いずれも講談でおなじみの古めかしいテーマだが、なかでも評判なのは『菊人形歌舞伎』と銘うった全八巻の動く菊人形"先代萩"などの人形芝居会場から万雷の拍手がわいていた」とある。菊人形の写真があるが、顔は人形、胴体は菊でできているものである。菊人形の歴史は下記のように紹介されている。[4]

　　享保年間（1716-1736）、染井の植木職人が手なぐさみに花壇菊をつくり、やがて造形に趣向を凝らして「菊細工」としました。一方、大阪の人形師大江忠兵衛が、歌舞伎役者の似顔絵で等身大の人形をつくり、見世物として「生き人形」と名付けました。現在受け継がれている菊人形はこの菊細工と生き人形が融合して完成したものです。

　　菊人形としてのスタートは弘化元年（1844）、巣鴨霊感院のお会式（えしき）の飾り物としてつくられた「日蓮の滝の口御霊」「蒙古退治」に始まるといわれ

ています。

　菊人形の見せ方には、物語に沿った場面を順に見せる「見流し」と「段返し」があります。段返しというのは、舞台の下（奈落）に用意されたせり上げ、天井からの吊り下げ、舞台の袖の書き割りを駆使して、大道具方、照明技師、お囃子連中などが、演出家の下に一糸乱れぬ連携作業を行うショーです。客席の天井裏にはたくさんの花提灯が吊り込まれ、フィナーレでは観客の知らないうちに天井が割れて、賑やかな鳴り物とともに灯が入り、客席の上に降りてきます。幕間なしのスピーディーな舞台転換、斬新なテクニックに観客も仰天していた様です。

　顔出し看板とは直接は関係ないものの、顔と胴体を分離し、胴体を別に菊で作成するというエンターテイメントが何となく似ている事例として見ることもできよう。菊師が、ある情景を菊を差しながら見事に作り出すということも、顔出し看板がひとつの物語を伝えようとして

3 顔出し看板論Ⅰ

3 顔出し看板論 I

▲図3 伊豆吉奈のイノシシ鍋（1963年）

いることとも通じるかもしれない。

　さて、観光記事スクラップでもっとも度肝を抜かれたのが、図3である。イノシシ鍋に驚いたのではなく、そこにある「さかや旅館」が考えた「大名焼」というイノシシの鉄板料理の情景である。「部屋に幌幕を張りめぐらしかがり火をたきカミシモにカツラをつけた大名スタイルの客がシカ皮の上にどっかとあぐらをかいてとりたてのイノシシの肉を季節の野菜といっしょに焼きながら食べるという趣向」なのだが、その写真が何とも可笑しい。変身願望というか、アイヌでもそうだが、このような化けるという楽しみは観光地にはひとつの楽しみのアイテムとしてあったのではないだろうか。

「顔出し」という形態

　では、等身大の人形をつくるということは何なのだろうか。文化をひもとけば、「着せ替え人形」との関係も考えることが

できる。「雛祭り」の歴史は、平安時代の頃とされているが、段飾りができたのは、庶民の暮らしが豊かになってきた江戸時代（享保の頃）に始まったようである。雛遊びは、各地に伝わる「流し雛」から発展してきたらしい。災難や病気にかからないよう、人形に託して川や海へ流して払い清めていたものが、幼い姫様たちのお人形である「ひいな」遊びへと移り変わっていったという。嫁入り道具を模した調度品や、美しい絵が描かれた蛤を使って遊ぶ「貝合わせ」など、今で言うままごと遊びにつながっていったものである。菊人形のはじまりと同じで、まずは「着せ替え」という文化があったのだろう。着物を買えることによる楽しさやおもしろさである。「着せ替え」をする楽しさは、変身願望にもつながる。それが、バービー人形であり、リカちゃん人形へとつながっていく。

　では、いつから巨大化／等身大になったのだろうか。人形用のミニチュアではなくて、等身大＝人間そのもの。そう考えると、今度は「真似」をして着飾るという行為＝仮装へも連想がつながってい

▲図4 メトロポリタン美術館にて（2005年 写真提供：植野朱美氏）

く。前述の、観光地において「化けてみる」という欲求ともつながるものである。「着てみる」「試着」という行為と連動していなくもない。

とはいえ、仮装などの場合は3次元（立体）であり、顔出し看板の場合は2次元（平面）なのである。例外はあるものの、顔出し看板はあくまでも2次元である。平面に身体などの絵が描いてあって、そこに顔を当てはめてみる、ということはやや唐突ながら、連想するシーンとしては、ギロチンや晒し首がある。顔出し看板とは、胴体と顔との決別を意味しているのではないだろうか。顔出し看板ではないが、メトロポリタン美術館に顔が欠けている像があり、そこに来館者が顔を出して写真を撮ったりすることも、失われた顔への参画とも考えることができよう。

スターはやはり顔である。その顔を抜いてしまうとスターは成り立たない。「顔」から「身体」へのシンボル化と言えるか。観光地メニューでのサムライ姿やアイヌ姿からは、「なりきる」というご当地身体記号への参加という要望はあったと思われる。この3次元が2次元へと変貌したのは、やはりカメラ普及との連動があるだろう。

つまり、それまでは3次元で実際の衣裳などを着たりして楽しんでいたのが、カメラの普及と観光スケジュールなどから来るスピードが求められる中で、より簡便に瞬間に画像をつくるものとして、顔出し看板がうまれてきたのではないだろうか。また、絵はがきのように、風景を「切り取る」という趣向がある。おそらくは、観光地でひとつの風景がシンボル化し、その風景を各自のカメラで追体験するためのお決まりの撮影ポイントがあり、誰もがそこでシャッターを切るという時空があったのだろう。最初はもし

かしたら、撮影スタジオにあるような背景画だったのかもしれない。そこに、いつからか試着の要素が加味されて、顔出し看板という風景画の要素が完成してきたのかもしれない。

現在、コスプレ（コスチュームプレイ）が一部？で流行っている。日本が誇るオタク文化の一翼である。私自身はコスプレイヤーではないので、あまりその世界観は想像しかねる部分もあるのだが、顔出し看板と比較してみるとその時代変遷がおもしろい。どちらも「なりきる」点では通じるものがあるが、絶対的な違いは、移動性である。私有しているコスプレは、自分のものであり、私的領域に属するものである。コスプレの集いがあれば、自分が移動してなりきることができるのである。それに対して、顔出し看板は、移動できない（イベント時の場合は別）し、私有もしない（原則的には）。多くの顔出し看板はご当地ものであり、固定であり地域性がある。私的領域と言うよりは、公的領域に近い。「元祖コスプレ看板」とでも呼ぶべきだが、顔出し看板は受動的なナリキリにさせられていた身体性だが、コスプレは各自が主体的に作り出して創造していく能動的なナリキリの身体性である。

3 顔出し看板論Ⅰ

1) 畳貴秀（2004）：顔出し看板で想い出づくり、柏崎商工会議所が支援する異業種ビジネスサイトeこって柏崎
http://www.e-cotte.com/e_news004.html
2004年10月1日
2) 都築響一（2002）：デジタル顔ハメ、週刊文春44(18) 2002年5月2日、P.65
3) http://www.fujifilm.co.jp/history/
4) http://www02.jet.ne.jp/
~shokokai/event/kikumemo2000.html

顔ハメ対談
いぢちひろゆき×おかむらふみお

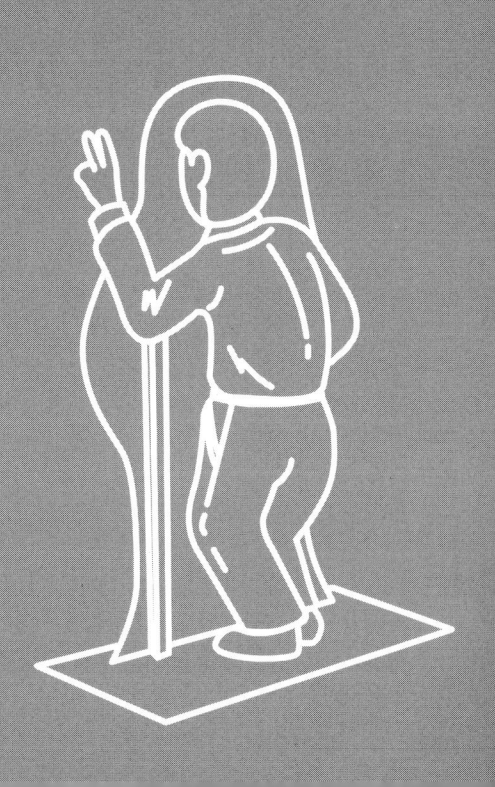

4章

偏愛対談

顔ハメはマイナーリーグのホームラン王?

いぢちひろゆき×おかむらふみお

「しがんい」設立に大きな影響を与えた『全日本顔ハメ紀行』。全国の顔出し看板(顔ハメ)を厳選取材した、マニア垂涎の本であり、『カオダス』の偉大な先達である。執筆担当いぢちひろゆきさん、撮影担当おかむらふみおさんから対談原稿を寄せていただいた。

全日本顔ハメ紀行
〈記念撮影パネルの傑作〉
88カ所めぐり
いぢちひろゆき／著
新潮社(新潮OH!文庫)
2001年6月発行

※残念ながら絶版。
　復刊が期待される

何の役にも立たない本?

いぢち(以下い)　ボクらが『全日本顔ハメ紀行』を出版したのが2001年やから5年たったねー。

おかむら(以下お)　早いもんですなー。どうですか、印税生活は?

いぢちひろゆき■1969年生まれ。大阪府出身。イラストレーター。1990年代前半から、趣味で日本全国の顔ハメ(顔出し看板)の写真を撮り歩き、2001年に『全日本顔ハメ紀行』(新潮OH!文庫)を出版。その他の著書に『都道府県の急所』(新潮社)、『底ぬけ父子手帳』(講談社)がある。雑誌などを中心に、マンガ、イラストで活動中。

い　アホか!　初版の時にわずかばかり振り込まれたっきりや。

お　そういやそうですねえ。結局何部くらい売れたんでしたっけ?

い　6000部。

お　日本の人口が1億2千万人として、2万人に1人が読んだ!　ということですね。

い　哀しくなるような計算をするなよ!

お　3年で絶版でしたっけ?

い　ううー(泣)。文庫で出したから、刷り部数が2万部。6000しか売れてないわけやから、返本率70%。出版の世界では、いわゆる「コケた」っていうやつやな。

お　でも、考えようによっては、あんなマニアックな本がよく6000部も売れましたよねえ。

い　それはよくそう言われるね。客観的に見れば、「何の役にも立たない本」だからな。

お　『全日本顔ハメ紀行』では、私たちは顔ハメに顔をハメずに撮影して歩いて、顔ハメそのものをアートして評価するということをやったわけですが、それは画期的だったんじゃないですか?

68

▲川中島の顔ハメ（日本最大級の顔ハメだったが、おそらく00年頃没）

い　たしかにそれまでは、「個人が顔をハメて歩いた記録」のようなものはインターネット上にチラホラあったけど、ボクらみたいなアプローチはなかったねえ。
お　そんな本が出せたことは自分的にはかなり偉業だったんですけど、人に見せると「だから？」みたいな冷淡な反応の人と、ものすごい勢いで興味を示す人と両極端に反応がわかれますね。
い　まあ本が出せて、2万人に1人でも興味を持ってくれる人が人がいたというだけでありがたいと思わなあかんな。

顔ハメの歴史と現在

お　『全日本顔ハメ紀行』を出版した当時はあきらかに顔ハメは前世紀の遺物で、滅びつつあるものだったんですよね。
い　顔ハメは、観光地の案内所とか地方自治体の観光課なんかに電話して、所在をリサーチしてから撮影に行くわけだけど、「あそこにあったような気がする」みたいな話をきいて行ってみたらもう無くなってたなんてことがよくあったよな。
お　川中島のヤツとか思い入れあったのに2回目に行った時に無くなっててショッ

クでした。
い　全国の顔ハメの数を正確に把握してるわけじゃないからなんともいえないけど、たぶん20世紀の後半はあきらかに減少傾向だっただろうな。
お　全滅しないうちに写真に撮って残しとかないと、みたいな使命感でやってましたよ。
い　絶滅危惧種かよ。
お　それが最近はちょっと増えてるような気がしますよね？
い　そうなんだよねー。
お　私たちの本の影響でしょ？
い　それはちょっとうぬぼれ過ぎやで。
お　まあ2万人に1人しか読んでないんですもんねえ。
い　それはもう言うなって！　それでも、本を出したことで、それがマスコミに取り上げられたり、様々なウェブやらブログで話題になったりして、少しづつ「顔ハメ」っていう言葉が浸透していったということは考えられるな。

4 顔ハメ対談

岡村文雄（おかむらふみお）■1970年生まれ。山口県出身。ソフトウェア会社勤務。趣味は写真。いぢち氏の顔ハメ取材に同行し、写真撮影を担当。また、ウェブサイト「全日本顔ハメ博覧会」（http://homepage2.nifty.com/f-okamura/）にて顔ハメを多数公開中。

4 顔ハメ対談

お 昔はグーグルで「顔ハメ」って検索しても、私たちのページしかひっかからなかったけど、今は28800件でっせ！

い そんなにあるか！

お 「顔ハメ」って言葉自体、いぢちさんの造語でしょ。はじめて聞いたときはヤラしい言葉かと思いましたけど、それがいまや普通名詞になりつつあるわけで、そのことについてはちょっと誇らしいですね。

い 目標は広辞苑に載ることやな。

お 最近プリクラの機械で「顔ハメ写真が撮れる！」なんて売り文句が書いてあるのとか見ましたし、広辞苑は無理でも現代用語の基礎知識くらいならいけるかもしれませんよ。

い ボクも最近ソーシャルネットワーキングサイト・ミクシィの「顔ハメ大好き」っていうコミュニティに167人も登録があるのを発見して驚いたんやー。

お 私たちが投じた一石が波紋になって広がってるという感じはありますねえ。

デジタル時代の顔ハメ

い それから、ボクらが顔ハメを撮るために全国行脚してたときと現在を比べると、カメラと写真のありようが激変してるやろ。

お ああ、それはありますねえ。デジタルカメラと携帯のカメラが爆発的に普及しましたもんねえ。

い キミは昔ながらのアナログの一眼レフで撮ってたよなあ。

お 顔ハメを撮るために、ボーナスで一式そろえたんですわ。一般向けのデジタルカメラが発売されたのは1995年頃、カメラ付き携帯は2000年ですね。

い アナログカメラで撮って、DPEに出してた頃に比べると、1回のシャッターを切る時の心のハードルがあきらかに低くなってるよな。なんでも気軽に写真撮っとこ、みたいな感じで。

お 私なんかポジで撮って、自分でわざわざハードルあげてましたけど。

い 顔ハメをポジで撮ったヤツは、日本で

▲中尊寺義経、静御前の顔ハメ（営業顔ハメはフジカラーのものが多い）

▲霧島神宮の顔ハメでない龍馬（どうせだったら顔ハメにしてよー）

キミが最初で、そして最後の人物かもな。
お　うーん、うれしいようなうれしくないような……。撮った数が日本一だという自負はありますが。
い　デジタルカメラ、カメラ付き携帯と並んで、ブログだとか写メールの普及っていうのは顔ハメの世界に影響を与えてるんじゃないか？
お　なんでもかんでも、おもしろいもんとか珍しいもんとか携帯のカメラでパシャパシャ撮って、友だちにメールしたり、ブログにアップしますから、顔ハメはちょうどそういう題材に向いてますね。
い　だから顔ハメの需要は高まってて、顔ハメの数が微妙に増えているような気がするのは、そういう背景があるからやで。
お　そうかもしれませんね。
い　ほら、昔の顔ハメってフジカラーとか、コニカカラーとかの商標が入ってるヤツがあったやろ。
お　フィルムの納入業者が土産物屋と制作費を折半して作る「営業顔ハメ」でしょ。
い　これからは「フジカラー」じゃなくて「au by KDDI」とか「soft bank」のロゴが入った顔ハメが登場するかもしれんぞ。
お　企画書作って、携帯電話会社に売り込んだらどうです？　顔ハメアドバイザーみたいな肩書きで監修料とったら、本の印税よりもうかるかもしれまへんで。
い　さすがは営業マン。なかなか悪知恵がはたらくのう。
お＆い　ガッハッハッハッハ

顔ハメ紀行の魅力

い　ボクらが顔ハメにのめりこんでいったのは、なんでやったんかなー？
お　他の人がやってないことをやってるっていう喜びですかねえ。

い　それはあるね。顔ハメに関してはボクらの本が出るまでは、まったくガイドブックなんてないし、どこに何があるっていう情報は皆無だったから、前人未到の地に分け入っていくって感じはあったな。
お　普通の旅行だったら、自分が見にいくものに関して、ガイドブックに写真が載ってたり、ウェブであらかじめ情報を得られますから、観光地に行ってみて全然思ってたものと違う！　みたいなことはないですもんねー。
い　それが顔ハメの場合はなー。
お　行ってみたらなんじゃこりゃー！　なんてことはザラですもんねえ。
い　そういうありきたりじゃない旅っていうことでいうと、「廃墟ブーム」っていうのがあったよね。
お　ああ、写真集とか出てますね。
い　『廃墟探訪』（二見書房）っていうのが出版されたのが2002年。顔ハメよりだいぶスケールはデカいし、なんか深い感じもするけど、やってる人の感性のベクトルは似たものを感じるんだな。
お　たしかに普通の人があまり注目しないものを「再発見」するという意味ではそうかもしれませんねー。
い　宮田珠己の『晴れた日には巨大仏を見に』（2004年白水社）っていう本もあって、これは全国の巨大仏をめぐった紀行エッセイで、これも面白かったで。
お　そんなものを見て歩くなんて、物好きな人もいるもんですねー。
い　ボクらは人のこと言われへんやろ！
お　そうでした。
い　あと、『全日本顔ハメ紀行』のちょっと前に、同じ新潮ＯＨ!文庫で『恐るべきさぬきうどん』って本があって、それが今のさぬきうどんブームの火付け役になったんだよなー。
お　うどんブームくらい顔ハメもブーム

4　顔ハメ対談

71

▲最上峡の松尾芭蕉顔ハメ（寺内金兵エ作の署名あり）

▲越後松島水族館のペンギン顔ハメ（背景の日本海とのマッチング！）

になると良かったんですけどねえ。
い　まあそれは無理やろけど、これも普通のグルメ旅行じゃない、チープだけどディープな世界が人をひきつけるわけやろ。
お　たしかにこれだけインターネットやらなんやらで情報過多の時代だからこそ、旅に出て驚いたり発見があったりする、ちょっと変わったテーマの旅っていうのは魅力的なのかもしれませんねえ。

顔ハメは笑えるアート

い　顔ハメの魅力ということでいうと、やっぱり笑えるっていうのが一番の魅力やろ。
お　それはそうですねえ。観光地に置いてある顔ハメに顔をハメるとき、ほとんどの人は笑ってますもんねー。
い　たいていの場合は失笑か苦笑やけどな。
お　私たちくらいでしょ、顔ハメを見て「よく描けてるなあ」とか「躍動感がある」とか真面目に論評してるのは。
い　材質に言及したりな。

お　しかも顔をハメずに三脚立てて撮影しますからねえ。
い　まあ、それはさておき、顔ハメが笑えるっていうのは万国共通やねんなあ。顔ハメって世界中にあるんやもんな。
お　私たちは予算がないから海外には取材に行けませんけど、ハワイやグアム、アメリカ、タイ、スウェーデンetc……といろんなところから目撃情報が寄せられますもんね。
い　顔ハメっていうのは仮装の一種で、仮装っていうのは笑いの基本っていうか原点みたいなもんやからな。
お　言葉がなくても面白いですよね。
い　赤ちゃんの顔で体が筋肉マンとか、しわしわのおばあちゃんの顔で体が忍者とか。
お　金正日の顔で体がシャラポワとか。
い　見たくねー。
お　乳首立ってるニダ！
い　もうええっちゅうねん！
お　とにかく面白いものじゃなかったら、300体も撮影を続けられませんよ。まあ、顔ハメは当たり外れがあって、こ

れはと思うのは10体のうち1体あるかないかでしょ。
い　まあそりゃそうだな。
お　面白さでいうと、看板屋さんが作ったものより、その土地の住民手作りみたいな顔ハメの方がだんぜん味がありますよねー。裏側に「船頭寺内金兵衛作」なんて署名書いてあったりして。作ってる過程ですごいテンションあがっちゃったんだろーなーとか想像して楽しいですね。
い　そういうツッコミどころのある、天然ボケの顔ハメに出会うと幸せを感じるよな。
お　逆にウケ狙いがあざといと、よくできててもイマイチ好きになれないですね。
い　本の出版以降、そういうウケ狙いの顔ハメを見ることが多くなった気がするなあ。最近のタッチが平板で看板屋さんの筆遣いが見えない顔ハメは好意が持てないな。
お　あと、景勝地や風光明媚な場所に設置されてるヤツは明らかに景観損ねてて、ないほうがいい場合もありますよね？
い　あるある。
お　私が好きな顔ハメは、その場所の風景や雰囲気との一体感があるものですね。戸隠忍法資料館の忍者、国鉄大社駅のイザナギイザナミ、松島水族館のペンギンとか。
い　やたらにデカい長方形で、背景が描いてあるようなタイプはたいてい場所にそぐわないものであることが多いから、人型でひっそりとたたずんでるもののほうが好感が持てるな。
お　昔からあって、長いこと顔をハメられ続けた顔ハメってなんか味ありますよねー。
い　たくさんの役を演じてきた老優って感じのな。
お　古い顔ハメは、誰もハメてないのに念みたいな物が影になってうっすらと写ることありますからね。
い　ウソを言うなー！

役に立たない物だからこそ

い　とにかく、顔ハメって、ホンマにあってもなくてもええもんやろ。でもあるとちょっとだけみんな楽しい気分になる、そういうところがボクが顔ハメにたまらない愛しさを感じる理由やね。
お　正直言ってなんの役にも立ちませんもんねえ。
い　コルビジェだか安藤忠雄だか忘れたけど、人間の生活には無用の空間が必要やって言うてたよ。ビルばっかり、家ばっかりの街って息が詰まるんやな。そういうところにポッと空き地みたいな物が

▲屈斜路湖のソフトクリーム顔ハメ（ほとんどシュールレアリスム！）

4　顔ハメ対談

あると、人はホッとするわけ。顔ハメにもそういうところがあるんと違うかな。
お　私たちは「顔をハメない状態の顔ハメをアートとして鑑賞する」というコンセプトでやってるわけですけど、顔のない肖像っていうのはほんとに間抜けで、その間抜けさには確かに癒しの作用がありますね。
い　そうやで。偉人の肖像とか、運慶作の仏像とかやったら、前に立つとこっちを萎縮させるようなパワーがあるやろ。そんなものをみてもちっともホッとせんよ。
お　その点顔ハメは、何百体見ても萎縮させられるようなことはありませんわね。
い　三十三間堂みたいなところで、千体の顔ハメがズラーッと並んでたら萎縮するかもな。
お　そんな施設を誰が何の目的で作るんですか！

顔ハメと汎神論

お　それはともかく、いろんなモチーフがあるのも顔ハメの魅力ですね。それこそ何でもアリで、人物だったら神話時代から現代の人物まであるし、魚、クマ、カニみたいな生き物、はてはソフトクリームなんてシロモノまである。
い　世界の顔ハメとの比較でいうと、ボクは動物とかソフトクリームの顔ハメは日本独自のものなんじゃないかという気がするんだよねー。
お　そりゃまたどうして？
い　ほら、日本て八百万（やおよろず）の神の国やろ。汎神論っちゅうやつでさ、人間と同じようにあらゆるものに魂が宿ってるっていう考え方から。人間もカニも熊もソフトクリームもみんなみんな生きているんだ友だちなんだ。
お　いぢちさん、熱あります？

い　ないわ！　人が熱く語ったら病気扱いしやがって！
お　まあ、言うてることはわからんでもないですよ。
い　これは意外と顔ハメ論において重要な論点やと思うで。
お　そうかなー。
い　ボクはアメリカ映画の中で顔ハメを2回見たことがあって、『パールハーバー』（01年マイケル・ベイ監督）と『ウォレスとグルミット野菜畑で大ピンチ』（05年ニック・パーク他監督）なんやけど、両方とも出てきたのはマッチョマンの顔ハメでさー、アメリカ人って想像力ないなーと思ったわけ。
お　たしかに海外の顔ハメって、マッチョマンとかそういうのが多いですね。私がスペインで見たのもトップレスの女性でしたし。
い　人間とそれ以外の生き物や物質との間に明確な一線がひかれている西洋人の発想では絶対にソフトクリームの顔ハメを作るっていう発想は出てこないよ。
お　そんなこと言ってて、ボクらが知らないだけで海外にもいっぱいあったらどうします？
い　そしたら……ゴメン。
お　いきなり謝罪ですか！

顔ハメのこれから

い　では最後に顔ハメの将来について語ろうか！
お　……語ることあります？
い　あるよー！　まず、デジカメ、ブログなどの普及によって顔ハメの需要が高まってること、それから人々が従来のありきたりの旅に飽きてテーマのある旅を求めていること。この2つを考え合わせると、これから顔ハメ紀行ブームが巻き

起こるで～。
お　大きく出ましたねー。
い　それから、ここ数年で団塊の世代が大量退職するやろ。
お　それが何か？
い　ヒマを持て余したその世代が顔ハメ紀行ブームを引っ張って行くんやがな！
お　引っ張っていくかなー？
い　ほな、そういう仕掛けを作ろうや！
お　なんですかそれは？
い　日本全国に、その世代が大好きな人物顔ハメを100体作るんよ。そのゆかりの地にな。東京ドームに長嶋茂雄、蔵前国技館に大鵬、石川の松井秀喜記念館に松井という具合に。
お　それめぐりますかねえ、団塊の世代は？
い　めぐるやろー。「もう鈴木さんのダンナさん48体めぐったらしいわよ」「うちも負けてられないわ」とか言って。
お　でも、たとえば四国八十八か所なんかはご利益があるから巡礼しますけど、顔ハメはなんのご利益もないですよ。
い　日本百名山なんか、全然ご利益なくても登る人は登るやろ！　達成感みたいなものが人を駆り立てるんやで。百名山は大変やけど、顔ハメ紀行はハメるだけやからお年寄りでも楽しめるぞ。
お　まあねー。
い　「全日本顔ハメプロジェクト」。キミ営業マンとして企業の協賛をとりつけてきてくれ！
お　スポンサーに、JR、JTBなんかの旅行関連と、カメラメーカーとか携帯電話会社とかつくといいですけどね。
い　おお頼むで！
い　あとはディアゴスティーニの自分で作る「日本の顔ハメ」。初回限定380円！もええな。
お　それでいぢちさんは顔ハメアドバイザーとして監修料がガッポリもうかるっちゅう算段ですか。
い　ウワッハッハッハ。
お　うわー、やらしい笑いやなー。
い　将来的に、顔ハメの父と呼ばれて、ボクの生家の前にボクの顔ハメが作られるのが夢やな。
お　普通は偉人って銅像なのに、いぢちさんはいきなり顔ハメになりますか！
い　そうさ！
お　しかし、顔ハメがブームになることってないような気がするなあ。
い　やっぱりないか？
お　私が好きなサイトに、ダムばっかりとかガスタンクばっかり集めて紹介してるのがあって、すごいシンパシーを感じるんですけど、そのサイトがどんなに有名になっても絶対ガスタンクブームは来ない気がするんですよね。
い　そりゃそうだな。
お　顔ハメはちょうどブームになるか否かの当落線上というか、実に微妙なポジションにある気がするんですよねー。たとえばウェブサイトだったらメインのコンテンツとしていけるけど、雑誌なんかだとモノクロページくらいの扱いで、テレビだったら深夜放送とかローカル番組のネタって感じでしょ。
い　なんかそういうマイナーリーグのホームラン王っていうか、劇場未公開映画の隠れた名作みたいなポジションだからこそ、ボクらは偏愛するのかもしれんしなあ。
お　まあブームにならなくても、ボクらが陰で見守っていけばいいんじゃないですかねー。

2006年10月7日、神奈川県某所にて

※本書『カオダス』は初版1,000部。コケる以前の問題か？

4　顔ハメ対談

75

顔出し看板群 各地リポート

5章

土偶が、忍者が…現代に蘇る
専門家自らデザインした魅惑の力作

滋賀

家鴨あひる

滋賀県埋蔵文化財センターの作品

　大津市東岸の瀬田丘陵には、県立の「文化ゾーン」と呼ばれる「びわ湖文化公園」がある。このゾーンには、広い日本庭園の周囲に県立近代美術館、県立図書館、そして滋賀県埋蔵文化財センターなどの施設が隣接している。その中の滋賀県埋蔵文化財センターで、毎年夏に開催されているのが「レトロレトロ展」だ。文化財保護協会が前年度の発掘調査の成果を展示している。滋賀県埋蔵文化財センターの場所は、県立図書館の隣。センターに並んでいる駐車場に車を停めた場合、歩いて図書館に行く途中、その前を通りかかることになる。夏休み中に展示をするのは、子どもたちに見てもらいたいというねらいから。そのため、展示期間中の土日には火おこし体験教室を開催するなど、キャッチーな企画で子どもたちを展示室へと呼び込む作戦を毎年展開している。

■滋賀県埋蔵文化財センター
〒520-2122 滋賀県大津市瀬田南大萱町1732-2　TEL.077-548-9681　FAX.077-548-9682

大人も子どもも顔を出したくなる

　2005年の夏休み、この「レトロレトロ展」を見かけたわがプロジェクトチームのkondojiは、思わず会場に引き込まれてしまった。というのも、初めて目にする顔出し看板を発見したからだった。そのデザインは、有名な「遮光器土偶」と呼ばれるもの。細部までこだわった模様は、見るものを圧倒し、惹きつけるのだ。
　kondojiは即座にプロジェクトチームにその看板を報告し、取材が必要であるという判断をした。そこで、最も近い私が、センターまで取材に伺うこととなった。

作者は技術主任の松澤修さん

　取材に応じてくださったのは、広報を担当なさっている濱修さんだった。そこで、顔出し看板は、センターに3枚あること、作者は全部技術主任の松澤修さんであること、昨年安土城考古博物館の企画展用に新たに4枚制作され、展示会終了後も引き続き設置されていることなどが判明した。ではかなりレベルが高いと思われる松澤さん制作の顔出し看板をご紹介しよう。

顔出し看板① 古代人
場所■滋賀県埋蔵文化財センター

　20年くらい前に、「第19回レトロレトロ展」用に制作された、第1号作品。縄文時代の古代人がテーマだという。初期作品らしく、最新作に比べてまだ細部へのこだわりや情熱があまり感じられない。よくマンガやイラストで目にするような、いわゆる一般的な「原始人」のイメージだ。子ども向けに作られたゆえなのであろうか。今回、顔を出してくださったの

5 顔出し看板群各地リポート

▲古代人

は、センターの広報ご担当、濱さん。

顔出し看板② 遮光器土偶 (しゃこうきどぐう)
場所■滋賀県埋蔵文化財センター

2005年の「レトロレトロ展」用に制作された2枚のうちのひとつ。実際に宮城県えびす田遺跡で発掘された土偶がモデルになっている。時代は3000年以上前のもので、目の部分が遮光器のように見えるのでこう呼ばれているそうだ。第1作と違ってこの看板は、モデルの土偶そっくりの形と模様に作られた。そのため、実際に人が顔を出してみると、肩が看板からはみ出してしまっていたのだ。そこで、完成後に両肩に板を貼り付けたという。今回の作品では松澤さんが文化財をあまりデフォルメせず、正確さにこだわったゆえの失敗と言えるのではないだろうか。この迫力は、ほかに例を見ない。作者が楽しみながら制作したという雰囲気が、顔を出す人、見た人すべてに伝わってくる。

顔出し看板③ 縄文のヴィーナス
場所■滋賀県埋蔵文化財センター

これも2005年の「レトロレトロ展」用に制作されたもの。「縄文のヴィーナス」と呼ばれる土偶をモデルにしている。豊作を願う縄文の人々を魅了したナイスバディと言えよう。ちょっと生々しい肌色と、デフォルメされた裸体。この看板も、顔を出して変身する楽しさをじゅうぶんに味わえるものに仕上がっている。しかも、古い歴史の文化財に気軽に親しむ機会ともなっているのだ。この記念写真を見るたびに、縄文時代のヴィーナスのおおらかな美しさと、ヴィーナスに変身した自分に対して微笑むに違いない。今回、顔を出してくださったのは、たまたま取材の時、展覧会に立ち寄った女子学生のおふたりである。

5 顔出し看板群各地リポート

▲遮光器土偶(左)と縄文のヴィーナス(右)

滋賀県立安土城考古博物館の作品

　もともと、琵琶湖の内湖（琵琶湖周辺には、浅い湖と湿地帯がいくつも広がっていた。それを内湖と呼ぶ）のすぐそばにそびえていた、安土城の天守（天守閣）。内湖である大中の湖は干拓され、広大な農地に変貌をとげた。田んぼに囲まれた安土城跡は今でも発掘が続けられている。そのすぐ傍らに1992年にオープンしたのが滋賀県立安土城考古博物館である。弥生時代の農耕集落である大中の湖南遺跡、古墳時代初期の瓢箪山古墳、また中世城郭の観音寺城跡、近世城郭の安土城跡と織田信長について常設展示されている。この常設展とは別に、年に2回の特別展と企画展も開催している。

■滋賀県立安土城考古博物館
〒521-1311 滋賀県蒲生郡安土町下豊浦6678　TEL.0748-46-2424　FAX.0748-46-6140
gakugei@azuchi-museum.or.jp　http://www.azuchi-museum.or.jp

顔出し看板④ 猿の忍者
場所■滋賀県立安土城考古博物館

　猿の忍者が、今にも姿をくらまそうとする場面の顔出し看板である。動きがあって楽しい忍者に仕上がっている。これは「第28回企画展　親子で楽しむ考古学4　影の戦士たち―甲賀忍者の実像に迫る―」（会期：2004年7月17日～9月5日）のために制作されたもの。その後も来館した子どもたちに好評で、ロビーの中でも入ってすぐの特等席を確保することになった。「この忍者は、昔からの忍者映画、忍者マンガのイメージを踏襲しているだけでなく、同時に動物にも変身できる。それが子ども人気の原因ではないか」と博物館の学芸員さんはおっしゃった。歴史博物館に置いてあるのに、歴史に忠実ではないのがポイント。本当の忍者は、このような格好はしていなかったのである。歴史の真実を学ぶ場所に、こんな忍者の顔出し看板を置いてもいいのだろうか？こちらのほうが心配になってしまった。

　しかし、こちらで行われた企画展は、もともと「仮面の忍者赤影」の主人公を演じた俳優が亡くなったニュースから立ち上がったものであった。そのため、昔懐かしい忍者小説やマンガ、映画などの展示も行われた。最近のアニメ「NARUTO」なども紹介されているくらいである。というわけで、なんらこの看板の忍者に問題なかったのだ。

▲猿の忍者

顔出し看板⑤-A ガマに乗った狸の忍者
場所■滋賀県立安土城考古博物館

　同じく甲賀忍者がテーマの企画展用に制作されたもの。忍者が自分の手足のように使う、巨大なガマ。忍者は煙幕を張り印を結び、何かに変身しようというのか。そんな映画の中のスペクタクルシーンを再現した顔出し看板になっている。ただし

▲ガマに乗った狸の忍者

5　顔出し看板群各地リポート

80

映画のように、おどろおどろしいものではなく、狸とガマがユーモラスな雰囲気を漂わせている。どこか「鳥獣戯画」を思い起こさせるタッチだ。

顔出し看板⑤-B ガマに乗った狸の忍者 裏
場所■滋賀県立安土城考古博物館

ここの忍者は顔の位置が高いので、裏には2枚とも子どもたちが顔を出すための踏み台がつけられている。

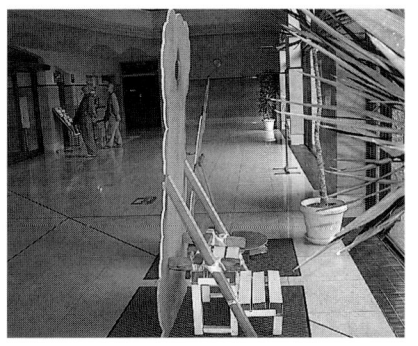

顔出し看板⑥ 姫君
場所■滋賀県立安土城考古博物館

中庭の回廊に出されている、お姫様の顔出し看板。この看板は、「第30回企画展　財団法人滋賀県文化財保護協会設立35周年記念展　聖武天皇とその時代—天平文化と近江—」（会期：2004年7月16日〜9月11日）用に作られたものだ。しかし、学芸員さんによると、2枚とも時代的に平安の頃ではないかという。まさに聖武天皇にはこだわっていない大胆なデザインであることが判明したわけだ。顔出し看板は、キャッチーなデザインが命。聖徳太子時代のお姫様では、いまいち顔を出したいと思われないかもしれない。そんな配慮から、時代考証を無視したデザインとなったのだろうか。ところが、この雅な姫と殿の看板は忍者人気に押され、こんな場所（次ページ参照）に置かれることになったらしい。博物館玄関入ってすぐのあの場所を確保するのは、なかなか大変なことなのである。

▲姫君

顔出し看板⑦ 武将
場所■滋賀県立安土城考古博物館

▲武将

りっぱなえんじ色の装束をつけ弓矢を持った男性。貴族のたたずまいである。この色を選ぶということは、かなりお洒落を意識しているに違いない。顔があっ

5 顔出し看板群各地リポート

▲姫君と武将のいる場所

たら、光源氏ばりの色男だったであろう。

しかし、パティオ（中庭）は前栽から柱に至るまでヨーロッパ調。そんなところに純和風の顔出し看板カップルがたたずむのは違和感がある。だが、これでいいのだ。安土は信長が日本の中に西洋文化をいち早く取り入れた土地なのだから。

遅すぎた電話

　制作者の松澤さんは、ほとんど発掘現場に出ておられるので、なかなかつかまらないということも濱さんが教えてくださった。そして、直接お話を伺いたいとお願いすると、松澤さんの携帯電話の番号を教えてくださった。しかし、松澤さんに何度か電話しても、全くつながらず、そのまま1年が経過……。

　顔出し看板の本を出版できることが決まり、いよいよ取材をしなければ間に合わない時期ということで、9月、私は恐る恐る再び電話をかけてみた。すると出てくださったのは、同じセンター職員の別の方だった。その方からショッキングな事実を告げられ私は言葉を失ってしまった。「松澤は今年3月に亡くなりました」。もともと持病がおありで、その病気が原因だったのだそうだ。顔出し看板をどんな気持ちで制作されたのか、周囲や子どもたちの反応はどうだったのか、なぜ、このデザインにしたのか、もうお話を伺うことはできないのだ。そう思うとなぜ自分は何とか工夫して連絡を取らなかったのか、悔しさがこみあげてきた。

看板と作品は残った

　その後、2006年12月に、東近江市の能登川博物館のギャラリーで「猫又作品展」が開催された。猫又とは松澤さんのペンネームである。友人有志が膨大な数の作品の一部を集めて展示会を行ったのだ。私も取材のために会場に足を運んだ。そしてその作品の多彩さに驚かされた。仏画や彫刻、陶芸、鳥獣戯画のような挿絵、Tシャツ。いきいきとした動物たちがどれも楽しそう。心から楽しんで制作されたことがわかる。

　会場で、松澤さんの奥様ともお会いすることができ、その数日後、さらに看板2枚のところにも連れて行っていただくことになった。

顔出し看板⑧ 僧兵
場所■愛荘町立歴史文化博物館

　僧兵と、観音様。人間くさい僧兵に神々しくも色気のある観音菩薩のありがたい組み合わせである。顔のない僧兵よりも、観音様のほうに力が入れられている気がするのだが、いかが。湖東三山の真ん中にある金剛輪寺の入口にある博物館に設置されている。また、ここには松澤さんが制作された、なまずのイスもある。大木の形を上手に生かした手彫りのイスは、あたたかで、どっしりとした存在感があった。顔出し看板で記念写真を撮ったあと、ぜひ座ってみてほしい。

▲僧兵

看板で伝わる気持ち

　松澤さんの奥様は「顔出し看板なんて評価してくれる人はいないから、きっと喜んだと思う」とおっしゃってくださった。松澤さんの看板がすばらしかったからこそ、残念ながらご本人にお会いすることは叶わなかったが奥様と出会うことができたのだ。顔出し看板の結ぶ縁に感謝したい。

　もちろん、ご本業の発掘調査などでも、たくさんの功績を残されたことだろう。しかし松澤さんの残された、これらの作品と顔出し看板たちは、今も尚、子どもから大人までの心を惹きつけ続けている。地面の下に長い間眠り続け、掘り出されてからは古代の人々の生活を雄弁に語ってくれる埋蔵文化財の数々。松澤さんの制作された顔出し看板を見て記念写真を撮った人には、埋蔵物への愛情や、楽しんで看板を制作したことが確実に伝わっている。

追記

　滋賀県立安土城考古博物館に松澤さんの顔出し看板を取材するために行ったのは、2006年10月3日のことだった。空気の澄んだ秋晴れの安土は、ただそこに居るだけで生きている幸せを全身で感じられるような場であった。幾重にも重なりあった歴史が、現代を静かに見守っているかのような。信長や秀吉たちが行き来したであろう安土の湖は、いまや刈り取りの済んだ田んぼとなって広がっていた。ところどころに残る黄金の穂波と真っ赤なマンジュシャゲの花。実りの秋の色でいっぱいだ。安土城が建っていた山を見ながら想像するのも楽しい。安土には独特な土地の持つ力があるのを感じた。この地に呼んでくださったのは松澤さんだ。長年お勤めになった安土の地をとても愛しておられたともお聞きした。

　この項の最後に松澤修さんのご冥福を心よりお祈りしたい。

▲「猫又作品展」能登川博物館（2006年11月15日〜12月3日）目録表紙

5 顔出し看板群各地リポート

顔出し看板の町・浅草 奥山おまいりまち
看板は、まちづくりとともに生まれた

東京

家鴨あひる

　奥山おまいりまちは、台東区浅草2丁目5番地と6番地に挟まれた道である。道の両脇に、浅草寺の五重塔付近の奥山門まで37軒のさまざまな商店が続いている。浅草国際通り沿いのつくばエクスプレス浅草駅の近くの六区花道を通り、六区ブロードウエイを横切ると、奥山大木戸という門がそびえていた。この門をくぐると、奥山おまいりまちの始まりである。

5 顔出し看板群各地リポート

夜行バスで取材旅行へ

　2006年7月7日金曜日、早朝に浅草寺の周辺をうろつくあやしい自転車。それは顔出し看板の本のための取材に、レンタサイクルを利用した私だった。
　前夜、滋賀県のJR草津駅前からバスに乗り、朝5時半に池袋駅前に到着した私は、さっそく事前に調査しておいた台東区のレンタサイクル場に向かった。台東区には公営駐輪場にレンタサイクル場も4ヶ所に併設してあり、新御徒町駅は朝6時半から営業していることをチェックしておいたからである。
　レンタサイクル場の受付のおじ様は、朝のラジオ体操の真っ最中♪　ラジオ体操を中断して、手続きをしていただく。24時間で200円ポッキリ！　しかも、他の区内レンタサイクル場への返却も可。すこし曇りの空模様と予報では時々雨ということだったので心配ながらも、台東チャリンコツアーにGO！
　まずは、腹ごしらえ。コンビニで地図となぜか朝食代わりに冷やし中華を購入。浅草寺に向かう。すぐに到着したのはいいものの、取材先の奥山おまいりまち商店街の理事長さんのお店もまだまだ開店前だった。

うろうろしてから交番の向かいのベンチで、味なんかそっちのけ、超高速で飲み込む。それからスタバでコーヒー飲んで、それから別の喫茶でラテを飲む……。
　やっと理事長さんがお店に来られたので、さっそくお向かいの喫茶店でお話を伺うことに。

まちづくりイベントで誕生

　雷門から始まる仲見世通りが南北に続いているが、奥山おまいりみちは、東西に少し斜めに伸びている。つくばエクスプレスの浅草駅を利用する浅草寺参りの人にとっては、こちらが一番の近道となるのだ。
　理事長の小倉幹夫さんのお店はメガネ屋さん。21歳の時にオープンし、もう42年間ずっと変わらず商売されているそうだ。そしてお店を経営しながらこの町と浅草寺が変わってゆく様子を、肌で感じてこられた。

最盛期は東京オリンピック

　私たちにとって、浅草寺といえば、今も昔も変わらない東京の代表的な観光地

というイメージだが、次第に観光客が減少してきているそうである。もちろん、浅草寺の観音様が核として存在し続けているものの、どうしても雷門から続く仲見世通りだけがスポットを浴びがちだ。東京オリンピックの年から、観光客の数も下降気味で、仲見世通りとの差が広がってきた。

自分たちでまちづくりを

「もっと活気ある町にしよう！」と、小倉さんたち自身がまちづくりの計画に乗り出したのは、約10年前のことである。イベントの時、行政から助成を受けた事業として、少しずつ町を整備していったのだ。そのテーマは「江戸情緒と大衆文化の出逢い」で、「未来へ発展する都市と江戸情緒を残した歴史ある街の架け橋として生まれ変わります（町の地図より）」。例えば門を設けるにあたり、名前をインターネットで公募してその中から決定。続いて町のイメージを古い町並みに近づけるよう、建物を白壁や和風のデザインで統一。また、次は和風の街灯を設置、というように。江戸時代からの技を受けつぐ職人さんたちを集め江戸時代の町を再現し、見世物小屋まで作り1ヶ月半の間、実演販売した「奥山風景」も好評だったそうだ。まちのキャラクターである「奥山小町」も誕生した。

このように、まちづくりをすすめる中で、いっしょに作られたのが数々の顔出し看板だった。毎月18日の奥山縁日まつりや、三社祭りには何千人も訪れるという「観光客の皆さんに楽しんでもらいたい」という気持ちから、顔出し看板が作られたのだそうだ。では、小倉さんに案内していただいて、奥山おまいりまち以外の町にも設置されている浅草の顔出し看板たちをひとつずつ紹介していくことにしよう。小倉さんは商店街の皆さん一人一人と気軽にあいさつを交わしながら、看板を巡ってくださった。その光景がとても温かな雰囲気で、すてきな商店街だ、と感じたのであった。

顔出し看板① 奥山小町
場所■奥山おまいりまち
奥山大木戸から奥山門方面に入りサクラ堂手前

奥山おまいりまち商店街のイメージキャラクター「奥山小町」。彼女は茶屋の娘さんで、年齢不詳という設定。あまり美人過ぎないところが、親しめるポイントとのこと。顔が抜いてあるのが残念！

顔出し看板② 寅さん
場所■奥山おまいりまち
サクラ堂手前、奥山小町隣

そして永遠の銀幕のヒーロー、寅さん！ お願いして小倉理事長さんに顔を出していただいた。

5 顔出し看板群各地リポート

5 顔出し看板群各地リポート

顔出し看板③ 三社祭り
場所■奥山おまいりまち　中ほど

「江戸っ子だってね」「おうっ、あたぼうよ！」というような勢いを感じる。この看板は、同時に多数の人が記念写真を撮れるところが魅力だ。よく見ると外国人女性らしい担ぎ手も！　さすが、国際的観光地。「オー！　オミコシ、ワンダホー！　ワショーイ！」という声が聞こえてきそうである。

顔出し看板④ 雷様
場所■奥山おまいりまち
奥山門そばの雷おこし＆食事処「雷5656茶屋」店頭

雷おこし＆食事処「雷5656茶屋」が独自に作成した看板。見事にお店のメインテーマ「雷」が表現されている。今回、特別にお店の方に顔を出していただいた。お仕事中、申し訳ない。

顔出し看板⑤ 話神 (はなしがみ)
場所■六区ブロードウエイ

六区ブロードウェイの交番脇には祠があり、「六芸神の像」（P.88参照）が祀られている。六区が昔、芸能・娯楽の中心地であったことにちなみ、まちづくりの一環として創作されたものだ。よく見ると、どこかで見たこのあるような気がしてくる。この六芸神の顔出し看板が六区ブロードウェイの道のあちこちに配置してある。浅草演芸場角にあるのがこの「話神」の顔出し看板である。

最近では、ドラマ「タイガー＆ドラゴン」で主人公がのぼる高座として登場してドラマファンのメッカとなった。ドラマがきかっけで巻き起こった落語ブームに重要な役割を果たしている。その浅草

演芸場で落語家の顔出し看板があるというのは、必然であろう。

顔出し看板⑥ 踊神（おどりがみ）
場所■六区ブロードウエイ

ちょっと色っぽい顔出し看板。男性に特におすすめである。

顔出し看板⑦ 唄神（うたいがみ）
場所■六区ブロードウエイ

昔、歌手といえば蝶ネクタイに燕尾服だった。時代を感じさせる顔出し看板である。

顔出し看板⑧ 奏神（かなでがみ）
場所■六区ブロードウエイ

音楽を奏でる芸人さんになりきろう。哀愁ただよう顔出し看板。

顔出し看板⑨ 演神（えんじがみ）
場所■六区ブロードウエイ

顔を出せば、舞台のヒーローになれる。

5 顔出し看板群各地リポート

顔出し看板⑩ 戯神（おどけがみ）
場所■六区ブロードウエイ

三拍子の「天然の美」が聞こえてきそうな顔出し看板。

顔出し看板のモデル「六芸神の像」
場所■六区ブロードウエイ

この「六芸神の像」をモデルに、それぞれの顔出し看板が作成されている。顔出し看板では顔がわからない。この像を見れば実在の芸人さんたちを連想できるだろう。それぞれの分野の一流の方々ばかりのように見受けられる。

顔出し看板⑪
場所■狸通り

たぬき通りは雷門通りと平行して、公園通りとオレンジ通りの間にある短い横丁だ。このたぬき通り商店会もまちづくりのイメージキャラクターを「浅草たぬき」に決めストーリーに沿って街路灯11基の途中にそれぞれ違う願いを叶えてくれる狸をお祀りしている。道路にも狸が描かれ、通りのどこを見ても狸が目にはいってくる密度の濃さ。毎月第3日曜日は縁日も開催して、賽銭箱を各お狸様の前に置き、キャラクターグッズも売り出すなど、イメージと収入の両方をゲットしているそうだ。そんな通りに鎮座しているしっかりとした造りの顔出し看板である。

5 顔出し看板群各地リポート

88

幻の顔出し看板も

　以上が浅草で現役の顔出し看板たちである。しかし、もっと前に設置されていた看板もいくつかあるとお聞きした。かなり昔、アニメの「スーパス」の顔出し看板があり、顔をいっぱい出すことができるタイプだったという。また、まちづくりの中で第1号として制作されたのが、芝居小屋・浪曲の席のある本間亭で、「助六とあげまき」の看板だった。しかし、傷みが激しく現在はお蔵入り。また2号は安来節を何十年も上演し続けていた、木馬館前の「どじょうすくい」だった。しかし、設置後1年もしないうち、何者かに持ち去られるという悲しい運命をたどってしまったのである。たくさんの人に顔を出してもらい、写真を撮ってもらうのが使命の看板なのに、誰かがこっそり持っていく……。制作した人の気持ちを踏みにじる行為は、顔出し看板を愛するものとしては絶対に許せないものである。

ネットでものを言う看板たち

　浅草の町には、ほかにも横丁や通りがたくさんある。今回訪れてみて、それらの通りに負けないよう、必死で独自の色で町を染めているのがわかった。最近になって江戸情緒たっぷりの町を再現した通りや、浅草で人気ものだったり、浅草で育ったりした、喜劇人の肖像を飾る通りも出現し、観光客としてはどの角を曲がっても発見がある楽しい一帯となっている。顔出し看板はお客さんへのもてなしの気持ちが形となったものであるのだ。

　町の中で、それぞれの顔出し看板は地元にゆかりのある図案で格好の記念写真ポイントを作り出し、いっそう町の楽しさを演出している。中にはくたびれて、ひっそり立つ看板もある。しかし、そんな看板もインターネットでは多数の日記やブログに紹介されているのだ。ネットで検索すると、異様なくらい浅草の顔出し看板が引っ掛かってくる。そのため、私たちも「顔出し看板を研究するなら浅草取材は外せまい！」と判断したほどだ。これなら、もう看板設置の目的を十分に果たしていると言えるだろう。

　小倉理事長さんは「今後、新しいお祭りを開催したい」と、町を盛り上げていくお話を熱心にしてくださった。この調子で今後も新しい顔出し看板が生み出されることが期待できそうだ。私も聞きながら町の活気と看板がいっしょに増えてゆくことを心から願った。

　帰る時、おみやげとして滋賀の地酒「そまの天狗　生」の小瓶を小倉理事長さんにお渡しした。日本酒がお好きだそうで、とっても喜んでいただけたようである。お忙しい中、全ての看板をていねいにご案内いただき、感謝の念に耐えない。

追記

　浅草を後にした私は、レンタサイクルで上野動物園と国立西洋美術館を見学。そして新御徒町駅でレンタサイクルを返却した。夜は、居酒屋でうまい酒を飲み、深夜再び池袋駅前から夜行バスの人となった。そして無事帰宅するも、翌日から数日寝込み「もうこんなムリな旅はしない」と固く心に誓ったのである。

102枚の同時多発
顔出し看板群の行方

近藤隆二郎

静岡

「浜名湖花博」(2004年4月～10月) において、顔出しボード (顔出し看板) の写真コンクールをしているという情報を得たのは、2004年の夏のことだった。そのときは、顔出し看板のデザインに"合致する"顔のひとを探すコンテストかと思い、おもしろいことをするなあと思っていた。といって、あまりフォローせずに、また浜名湖花博そのものにも行く機会がなく、会期は終わってしまっていた。

その後、顔出し看板画像のネット上の収集作業を続けていると、何枚かこの「しずおか花めぐりPHOTOラリー」に関した顔出し看板の画像を見ることができた。似合う顔のコンテストではなくて、県下各地102ヶ所に設置された顔出し看板と一緒に写真を撮り、応募すると賞品や賞金が抽選でもらえるというものであった。「102枚」という数は、一度につくられた顔出し看板としては史上最大の規模であったのではないだろうか。

5 顔出し看板群各地リポート

では、この一度に生み出された顔出し看板はその後どうなったのだろうか。今ではどこにあるのだろうか。まだ設置されているのか。また、誰がこんな企画を生み出したのか。そこで、当時担当されていた㈳静岡県観光協会の小長井晃さんに取材を試みた。

「花めぐりPHOTOラリー」の概要

この花めぐりPHOTOラリーは、静岡県下の各地102ヶ所に顔出しボードが設置され、そのボードを使って写真を撮った上で応募すると、抽選で賞金 (10万円×10名) やデジタルカメラなどが当たるというもの。広域への展開可能性や参加のしやすさ等より、県下をブロックに分け、ブロックから1枚ずつ撮って3枚を応募するという「ハッピーPHOTOコース」と、宿泊施設に泊まれば、顔出しボード写真は1枚でよいという「宿泊コース」が設定された。また、花博会場で撮れば、もう1ヶ所どこかの写真でよいという「浜名湖花博フォトコース」が設定された。

結局、写真を撮り、プリントして応募

▲図1「花めぐりPHOTOラリー」パンフレット表紙

▲図2 「花めぐりPHOTOラリー」のコース一覧

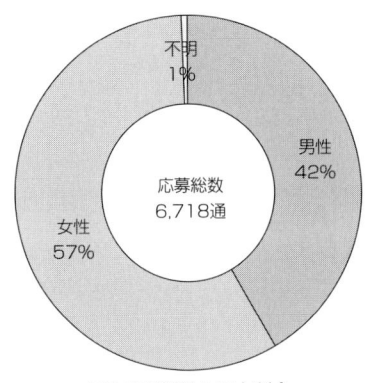

図3 応募総数と男女割合

応募総数 6,718通
男性 42%
女性 57%
不明 1%

するという手続きには若干の面倒くさいハードルがあった模様で、スタンプラリーの場合だと応募が数万件には達するのだが、最終的には6,718件の応募件数となった。

応募者の内訳を見てみると、男性にくらべて女性の方がやや多く参加している。また、年代別には、「10歳未満」、「30代」、「60代」にピークがあり、親子連れと中高年層といった参加層が浮かび上がってくる。

残念ながら応募された写真そのものを見ることはできなかったが、どのような写真が送られたのだろう。きっとみな楽しく笑っている写真だったのだろう。顔を出していた写真なのか、横に立っていた写真が多いのかは知りたいところではあるが。

ちなみに、当選は単なる抽選であり、写真の審査はしないということ（当たり前か）。条件に合致しているかということだけをチェックしたそうだ。募集パンフレットを見ると、必ずしも顔出し看板の穴から顔を出さなくてもよいことが推測できる。顔出し看板の横に寄り添った写真でもOKなのである。これは、顔を穴から出すことの抵抗感を考慮したモノと考えられる。でも、それは顔出し看板としてはあまりよろしくない方向ではあるまいか。やはり顔を出してこその看板なのだが。小長井さんによると、子どもの写真が多かったということであった。また、応募はこれだけの数だけれど、実際に顔出し看板で写真を撮った

5 顔出し看板群各地リポート

5 顔出し看板群各地リポート

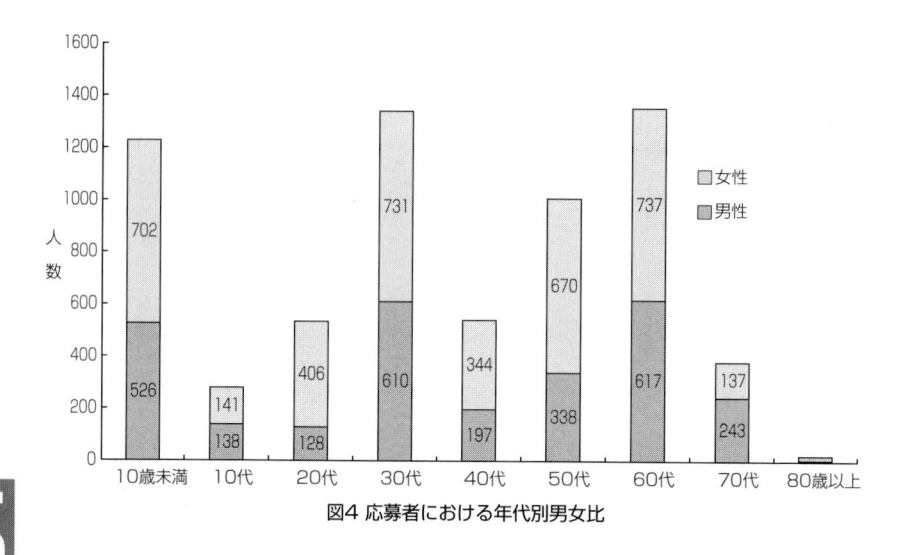

図4 応募者における年代別男女比

年代	男性	女性
10歳未満	526	702
10代	138	141
20代	128	406
30代	610	731
40代	197	344
50代	338	670
60代	617	737
70代	243	137
80歳以上		

人はもっといたと思っているので、その意味では、楽しんでいただけたのではないだろうかという評価であった。

102ヶ所すべての顔出し看板をまわった人もいたらしい。静岡県内の人らしいが、3人ぐらいのおばさんグループや、夫婦でまわった方もいたらしい。ウォーキングブームだから、そのついでに集めたのではないだろうか。

102枚の顔出し看板

この「花めぐりPHOTOラリー」のために作成された顔ハメボードは、全部で102ヶ所！である。ボードの材質は鉄板で、同じ規格による大量発注だ。つまり、顔を出す「穴」の位置が全部同じなのである。上下ふたつあるのは、子どもが届く穴と大人の高さを想定したものである。もちろん、絵柄はすべて異なっている。絵柄は、各市町村や施設等にアンケートをとり、その市町村の「花」や特徴、名産などをモチーフとして決めたという。例えば、伊豆の河津だったら「伊豆の踊子」、お茶の産地だったら「茶娘の衣装」、お祭りの姫様道中が有名だったら、そのお姫様の絵といったように決められていった。市町村アンケートをもとにして業

▲伊豆市天城温泉郷の顔出しボード（2004年、写真提供：福本聡氏）

者がイラストを起こしてつくったとのことだ。設置場所も市町村アンケートを基に決められたという。

設置場所一覧を見ていると、全部の顔出し看板を見たくなってしまう。「MOA美術館」や「反射炉」とはいったいどのようなデザインであったのだろうか。デザイナーさんが苦労したところもあったのではないだろうか。また、少なくとも、6,000人以上がこれらの顔出し看板の写真を短期間に撮ったことになるのも、ある意味ではすごいことではないだろうか。

小長井さんの評価としても、こういったかたちで楽しんでもらった手応えはあったという。イメージアップや啓発としては成功したのではないかなとのことである。

浜名湖花博その後

この企画の最大の問題は、顔出しボードの管理であったという。企画提案時にも問題になったことは、各施設等でも毎日出したりしまい込んだりする手間が課題となり、結果として、原則としては固定型で、かつ台風などでも飛ばされないようにという安全面などからも、かなり重い鉄板でつくられたのである。つまり、会期中はほとんど出しっぱなしだったらしい。そのため、壊されたり、いたずらされたりということも心配されたが、期間中には幸運にもその報告は無かったという。

既にほとんどの顔出しボードは撤去され、廃棄されたという。うーむ、残念である。イベント終了時に設置場所側の希望を聞き、もしもボードを残したい場合は、自己の管理責任において活用していただいてけっこうですと呼びかけたのだが、あまり申し出が無かったらしい。看板の絵柄そのものには、「浜名湖花博」や開催期間などが明記されているので、そのままでは使えなかったのである。

廃棄も大変だったので、引き取って活用してもらいたかったのだが、錆びていたり、置き場所によっては一部壊れていたり、子どもがよじ登ったりする危険性も無いことはないということで、廃棄の運命がほとんであった。

まだ現存しているかはわからないが、函南町にある「オラッチェ王国」などでは、自分のところで顔出し看板をつくるのには費用がかかるので、イラストだけを変えて活用していたところがいくつかあったらしい。また、絵柄を変更して再利用したいと申し出たところは、10ヶ所ぐらいあったらしい。「はままつフルーツパーク」と「ゆうえんち浜名湖パルパル」で再利用されていることを確認した。

熱川温泉郷での余生を訪ねる

小長井さんの情報から、伊豆の熱川温泉で数体再利用しているということを聞き、さっそくに熱川温泉に行ってみた。伊豆急行線伊豆熱川駅の熱川温泉観光協会で聞いたところ、観光協会が顔出し看板を再利用して作成したということであった。確かに、浜名湖花博のものを再利用したということである。絵柄は、地元の業者に依頼して全くあたらしい絵として作成したという。では、訪問記をどうぞ。

熱川温泉へ

午前8時発の踊り子号に乗る。なんとガラガラ。そりゃそうか、GW連休の最終日に伊豆へ行く人はいないか。大学生らしきカップルがポツポツ。天候もあやしい。10時頃、熱川温泉駅へ到着。観光案内所で5ヶ所全部の所在地を聞く。雨模様だ

5 顔出し看板群各地リポート

▲湯の華ぱぁーく（2006年筆者撮影）

が、歩いて行けるとのこと。安心して歩き出す。すぐ駅の前に1体を発見する。「湯の華ぱぁーく」と書いてある。おぉ、これが浜名湖花博の顔出しボードのリユースか。ほぉ。なかなかしっかりとしてます。このモチーフは何でしょうね。金太郎でもないし。うーむ、熱川温泉の歴史伝説にかかわるものでしょうか。どんどんと看板を探そう。

▲ほっとぱぁーく（2006年筆者撮影）

次は、人影も無いひっそりとした高台の公園「桜風公園」にあった。顔の位置が同じなので、この穴の位置をどう再利用して活かしているのかがおもしろい工夫。

海沿いの足湯の場所「ほっとぱぁーく」は、温泉吹き出し口をバックにとることができる。すごいところから顔を出すことになっているなあ。何となく絵柄を並

▲桜風公園（2006年筆者撮影）

▲高磯の湯（2006年筆者撮影）

94

▲お湯かけ弁財天（2006年筆者撮影）

べてみると、背景の白い雲が同じでちょっと笑える。

　海沿いの露天風呂「高磯の湯」にあったものは、入口のおじさんにとても怪しまれた。「看板だけを撮らせてください」と言ったので。そーいえば、露天風呂でカメラ撮影というのも怪しまれるはずですな。おぉ、露天風呂の前に鎮座している。ちょっと色っぽくて良い。前面女性の右手がお湯で伸びている感がありますが。バシャバシャと写真を撮っていると、露天風呂を終えた若い女性たちが出てくる……。思わず目を伏せる。ちょうどよい高さの石があったので、顔を出して写真をセルフタイマーで撮る。

　最後の看板は、「お湯かけ弁財天」前に鎮座しておりました。これまた、穴を上手に使ったものですが、ややデフォルメした位置関係になっている。

　このように、浜名湖花博で用いられた顔出し看板が立派に再利用されていた。5組の絵のトーンも同じで、このような再利用の方法はなかなか良いのではないだろうか。とはいえ、観光マップなどでもPRするわけでもなく、突然にあるという感じなので、もう少しこの存在をPRしても良いのではないかなと思う。以前はどこの顔出しボードであったのかといった履歴が裏に書いてあるととても興味深いのだが、そこまで関心持つ人は皆無だろうけれど。

そして

　なぜか、ネット上で活躍している顔出し看板発見ファンの間ではそれほどこの「花めぐりPHOTOラリー」の顔出し看板画像集めに人気が出なかったようである。存在数に比べて、報告される数が少なかったように感じる。トーンが同じようなデザインであったので、あまり発見する楽しさが無かったのであろうか。確かに、見つけた看板が画一的だとおもしろくない気がする。せっかくの斬新な取組であったのにとても残念である。もしも時間があれば、行政（観光課）サイドではなく、各市町村の地元住民から顔出し看板のデザイン等を発案できていれば、より全県下網羅される個性的な顔出し看板ネットワークが残存していたのにと思う。数から言っても、おそらくは顔出し看板日本一の県になれたのではないだろうか。しかし、その座は半年間で消え去ってしまった。かえすがえすも惜しいことであった。

表1 花めぐりPHOTOラリー撮影ポイント数一覧

浜名湖花博会場　4,424　　　　　合計　15,254

1	熱海市	熱海花の博覧会会場	88	52	岡部町	玉露の里	92
2		渚親水公園イベント広場	86	53	焼津市	焼津さかなセンター	167
3		アカオハーブ＆ローズガーデン	28	54	藤枝市	蓮華寺池公園	248
4		姫の沢公園	84	55	島田市	島田市ばらの丘公園	69
5		熱海梅園	64	56	大井川町	大井川河口野鳥園	80
6		起雲閣	52	57	吉田町	小山城	64
7		小山臨海公園	16	58	榛原町	観光物産センター	82
8		泉公園	9	59	相良町	花庄屋「大鐘家」	24
9		MOA美術館	17	60		グリンピア牧之原	42
10	伊東市	伊豆海洋公園城ヶ崎みはらしガーデン	14	61	御前崎町	御前崎観光物産会館なぶら館	95
11		さくらの里	50	62		あらさわふる里公園	122
12		小室山公園	42	63	金谷町	お茶の郷	46
13		伊豆シャボテン公園	16	64	川根町	川根温泉ふれあいの泉道の駅	121
14	東伊豆町	熱川湯の華ぱぁーく	85	65	中川根町	フォーレなかかわね茶茗館	60
15	河津町	河津バガデル公園	88	66	本川根町	奥大井音戯の郷	106
16	下田市	下田公園	101	67	菊川町	ばららん花	140
17		爪木崎	17	68	小笠町	小笠町代官屋敷資料館	117
18	南伊豆町	銀の湯会館	25	69	大東町	大東温泉シートピア	137
19	松崎町	道の駅花の三聖苑	108	70	大須賀町	サンサンファーム	206
20	西伊豆町	らんの里堂ヶ島	54	71	掛川市	こだわりっぱ広場	202
21	賀茂村	黄金崎クリスタルパーク	99	72	森町	香勝寺(ききょう寺)	44
22	戸田村	戸田村造船郷土資料博物館	21	73	豊岡村	とれたて元気村	199
23	沼津市	沼津御用邸記念公園	89	74	袋井市	可睡ゆりの園	210
24	三島市	三島市立公園楽寿園	89	75	磐田市	磐田市営つつじ公園	253
25	函南町	酪農王国オラッチェ	159	76	浅羽町	遠州和の湯	184
26	韮山町	反射炉	105	77	福田町	国民宿舎遠州ふくで荘	115
27	伊豆長岡町	湯らっくす公園	99	78	竜洋町	竜洋町昆虫自然観察公園	236
28		伊豆洋らんパーク	88	79	豊田町	豊田町香りの博物館	283
29	大仁町	MOA自然農法文化事業団大仁牧場	23	80	天竜市	天竜市立秋野不矩美術館	128
30		天城万籟植物園	20	81	龍山村	白倉峡	64
31		恋人岬ステラハウス	85	82	春野町	春野ふれあい公園	120
32		修善寺虹の郷	107	83	佐久間町	佐久間レールパーク	116
33	伊豆市	ロックローズガーデン	15	84	水窪町	観光展示休憩所	148
34		天城高原ベゴニアガーデン	10	85		万葉の森公園	187
35		天城グリーンガーデン	101	86	浜北市	静岡県立森林公園	185
36	小山町	誓いの丘	51	87		とぴあ浜松緑花木センター	170
37	御殿場市	御殿場市温泉会館	105	88	浜松市	はままつフラワーパーク	59
38	裾野市	裾野市運動公園	112	89		はままつフルーツパーク	108
39	長泉町	クレマチスホワイトガーデン(クレマチスの丘)	149	90		浜名湖パルパルロープウェイ・オルゴールミュージアム	132
40	清水町	EL.ROSA静岡バラ園	109	91		浜名湖グリーンファーム	10
41	富士市	中央公園	155	92	雄踏町	亀崎総合公園	145
42		富士山こどもの国	48	93	舞阪町	渚園	150
43	富士宮市	田貫湖(南側サイト)	82	94	新居町	新居文化公園	230
44	芝川町	新稲子川温泉ユー・トリオ	40	95	湖西市	本興寺	178
45	富士川町	富士川楽座	262	96		竜ヶ岩洞	179
46	蒲原町	蒲原町文化センター	119	97		龍潭寺	141
47	由比町	由比本陣公園	159	98	引佐町	方広寺	78
48		日本平ロープウェイ	128	99		奥山高原	141
49	静岡市	エスパルスドリームプラザ	246	100		渋川つつじ公園	27
50		紅葉山庭園	59	101	細江町	国民宿舎奥浜名湖	202
51		駿府匠宿	136	102	三ヶ日町	三ヶ日町農協特産センター	75

5 顔出し看板群各地リポート

顔出し看板論 II
近藤隆二郎

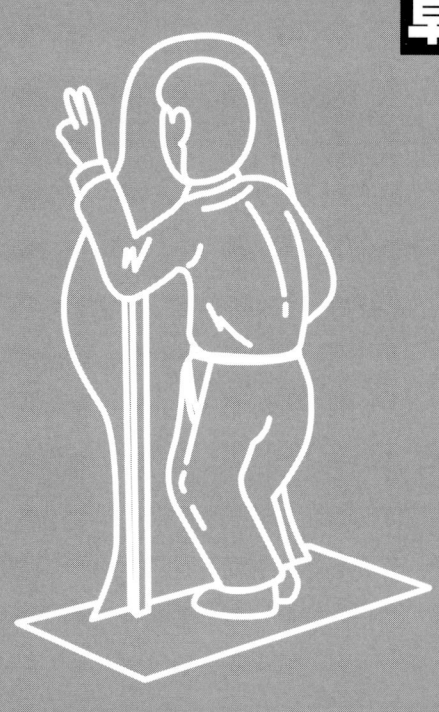

6章

応募された顔出し看板

景観デザインからみた「顔出し看板」

　看板の分類にはさまざまな体系があるが、顔出し看板そのものは看板史には登場しない。商業看板として考えても、サインとして考えても顔出し看板は特異な存在である。明確に商品情報を訴えるものでもなく、といって観光地情報を明示しているものでもない。看板に込められた作者の意図そのもの従来の看板の枠組みからずれているのである。看板そのものは機能的存在であって、メッセージ性が強い。地図や危険や方向、開店など"伝えるべき情報性"を潜在的に強く持っている。ところが、顔出し看板には明確なメッセージは無い。あるといえば、観光地（地域）のものがたりやイメージである。商品の販売促進戦略としての顔出し看板であるならば、単に商品を拡大して看板にすればすむのである。しかし、多くの顔出し看板は、例え商品としてのみやげ物があったとしても、殆どは商品だけでなくて、その周囲に観光地シンボルなどを配置している。これは直線的な商品宣伝とは異なる位相を持つ。景観のテクスト分析としては、絵はがき、絵画、校歌などさまざまなものが対象となってきた。顔出し看板に地域の風景や景観が盛り込まれているとするならば、テクスト分析をおこなうことが可能ではないだろうか。

　また、顔出し看板は未完成の看板であり、来訪者が穴から顔で「参画」することによってその都度完成するという特徴を備えている。つまり、単なる情報発信の看板ではなく、来訪者にその地のデフォルメした風景に参画してもらうという想いが込められている看板であると言うこともできる。

顔出し看板コンクールの概要

　私たちしがんいは、滋賀県内の顔出し看板について調査を行うとともに、「顔出し看板コンクール」を2003年10月から2004年3月にかけて実施した。小中高一般を対象として、顔出し看板のデザインを葉書で募集した。応募の少なさが案じられたが、結果として564通の応募があり、入賞作品を含む7体を作成設置した。

　コンクールの募集チラシには、下記のような主旨を述べた。「滋賀県のその土地にちなんだ『顔出し看板』の図案を考えることで、自分のまちの歴史や魅力についてあらためて見直してみませんか。ユニークで楽しい看板をたくさんつくって

設置することで、ほかのまちから来た人にも滋賀県のことを理解してもらいましょう」。応募者は中学生が多く、冬休みの宿題や授業の課題として出されたもので、学校単位での応募が多かった。応募理由などからは、地域のものがたりをていねいに掘り起こして、さらに来訪者をいかに楽しませるか、どう伝えるかを考えたものも数多くみることができた。

分析の目的

国内に存在する顔出し看板そのものを分析することは、とても興味深いが、現実的には難関が存在する。所在把握がロコミ程度しかないこととその数の多さである。インターネット報告サイトを用いた画像収集分析は別途報告しているが(P.110参照)、ここでは、顔出し看板コンクールの応募画像を分析対象としてとりあげることとした。商売や観光業者とういう主体ではなく、デザインを考える主体が子どもや市民のため、純粋に顔出し看板をどのようにとらえているかを把握することができるものと考えた。

顔出し看板のデザインを考えることは、すなわち、地域の昔話や歴史、伝説などに思いをはせ、その中にあるキャラクターなどを掘り起こすことになる。単に歴史文化を掘り起こすのではなく、その選択過程においてキャラクターを絞ることは、今後の地域の顔づくりへの志向を見出すことにもつながると考えた。まちづくりにローカルなシンボルを決めていくというシフトアップにもつながるのではないか。さらに、観光として考えれば、来訪者への「もてなし」として、どのようなモノや風景に「化身」「変身」「参画」してもらうかという想いを導き出すことが可能である。

本論では、顔出し看板コンクールへの応募画像をテクスト分析を用いて読み解くことにより、顔出し看板というものがいったいどのようなものなのかを明らかにすることを目的としている。

顔出し看板という画像をどのようにとらえるか

顔出し看板の構成要素を景観把握モデルを参考にして、5つの構成要素として分解した。「視点」と「視点場」は重要だが、ここでは画像の構成要素ということで、表1のような構成要素を基本形として考えた。基本形としては、顔を出す部分がくり抜かれている「メインキャラ」、周辺に配置される「サブキャラ」、そして「背景」などが構成要素となる。文字等のロゴなどが入る場合もあった。

次に、メインキャラについて類型化を行うために、いぢち氏が用いたモチ

表1 顔出し看板の構成要素

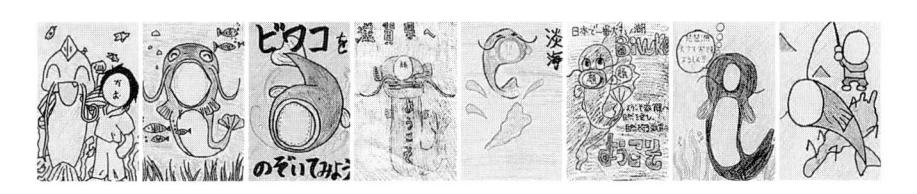

景観構成要素	顔出し看板における構成要素
主　対　象	メインキャラ(顔を出すキャラ)
副　対　象	サブキャラ
対　象　場	背景
修　　　飾	文字(ロゴ)、その他
視点/視点場	(視点/視点場)

6 顔出し看板論Ⅱ

表2 顔出し看板におけるモチーフの割合

顔ハメのモチーフ			事例	コンクール画像数	%	全国報告数	%
人間	特定の人物	実在	義経、信玄	64	8.0%	66	20.4%
		架空	伊豆の踊子	21	2.6%	54	16.7%
	不特定の人物	祭り・踊り	阿波踊り	21	2.6%	22	6.8%
		民族衣装	アイヌ人	26	3.3%	15	4.6%
		特定の職業	山伏、海女	13	1.6%	35	10.8%
		時代もの	忍者、殿&姫	80	10.0%	62	19.1%
		その他	湯上がりカップル	55	6.9%	10	3.1%
神・妖怪など			鬼、イザナキ	21	2.6%	11	3.4%
動植物			カニ、カツオ	165	20.7%	35	10.8%
自然			びわこ、森	133	16.7%	—	—
物	アート		乙女の像、仏像	15	1.9%	6	1.9%
	商品		ソフトクリーム	112	14.0%	6	1.9%
	建物		城	58	7.3%	—	—
	その他		かかし	14	1.8%	2	0.6%
合計				798	100.0%	324	100.0%

※全国報告数は、いぢちひろゆき(2001)『全日本顔ハメ紀行』(新潮社)P.29より

ーフの類型[4](表2)を参考にして類型軸を設定した。

　応募者は、中学生が85%（481人）を占めており、小学生は6%（36人）、その他は9%であった。また、応募者の居住地を見ると、彦根市が31%（173人）、八日市市（現・東近江市）25%（143人）、甲賀郡（現・甲賀市）24%（135人）で大勢を占めていた。具体的には、彦根市立中央中学、八日市市立聖徳中学校、甲賀町立甲賀中学校（いずれも当時）からの組織的応募（冬休みの宿題等）が大きく反映している。

　メインキャラについて単純集計した上で、メインキャラ等について何から発想しているかという「ソース」も設定して集計を行った。どちらも、地域別（応募者居住地）、年代別（応募者年代）にもクロス集計を用いて考察を行った。顔出し看板画像を見ると、複合的な組み合わせや、メインキャラだけでなく、サブキャラや背景などにも特徴があることがわかった。そこで、モチーフ類型を用いて、各看板画像内にどの程度モチーフの多様性を保持しているかという使用頻度データをもとにして数量化Ⅲ類およびクラスター分析を用いて応募画像のパターン化を試みた。また、上記分析より得られたパターンと地域別、年代別のクロス集計を実施して考察を行った。

顔出し看板コンクール画像の分析結果

　メインキャラに何を用いているかを見てみると、図1にあるように、「ビワコオオナマズ」が最も多く、次いで「信楽狸」「忍者」「大凧」がそれに続いている。ここで、地域別にこの内訳を見てみると、「ビワコオオナマズ」や「信楽狸」「織田信長」「琵琶湖」「サル」などはどの地域

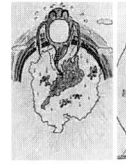

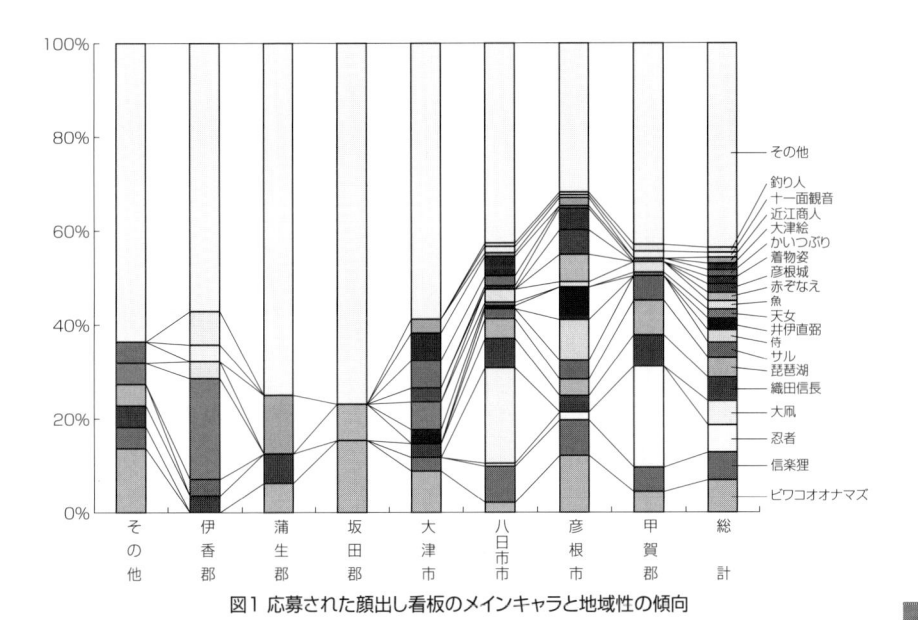

図1 応募された顔出し看板のメインキャラと地域性の傾向

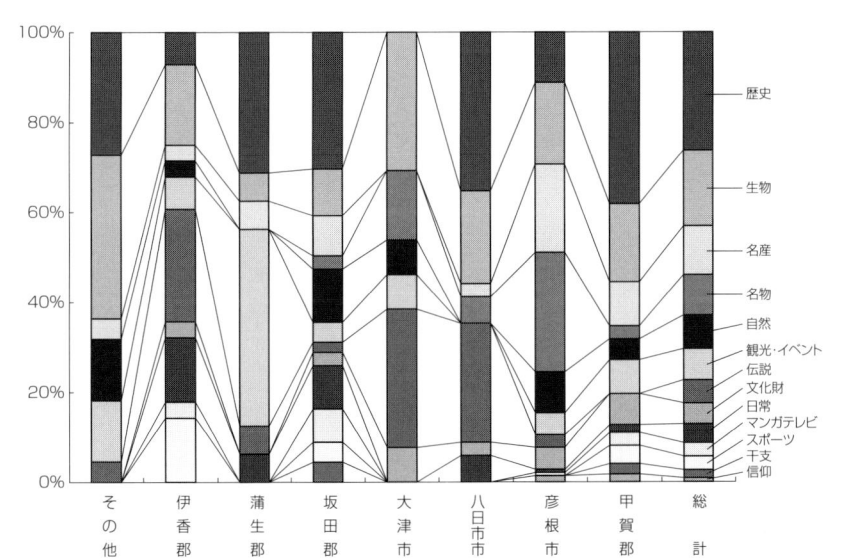

図2 応募された顔出し看板のソースから見た地域性の傾向

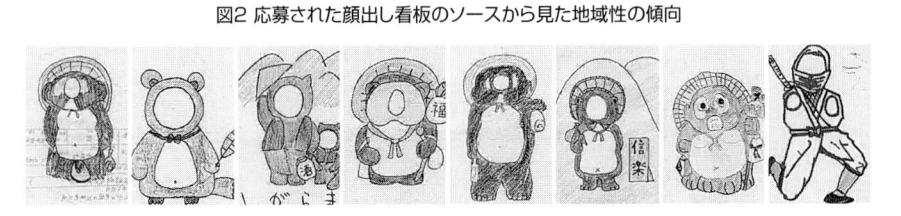

6 顔出し看板論 II

表3 数量化Ⅲ類における軸の解釈と基礎データ

カテゴリ	第1軸	カテゴリ	第2軸	カテゴリ	第3軸
人／時代物	−1.5253	人／民族衣装＋祭り	−1.2863	物／アートその他	−2.6140
人／実在	−1.4299	人／実在	−0.7246	人／民族衣装＋祭り	−1.8782
物／建物	−1.2320	人／時代物	−0.6819	物／建物	−0.7085
物／アートその他	−0.0495	物／建物	−0.5648	人／実在	−0.6838
動植物	0.0244	物／商品	−0.5393	人／時代物	−0.6743
自然	0.0970	人／架空＋神妖怪	0.0095	物／商品	−0.4071
人／架空＋神妖怪	0.1482	自然	0.2643	人／特定職業その他	0.5583
人／特定職業その他	0.3049	動植物	0.3513	自然	0.8045
物／商品	1.3532	人／特定職業その他	0.5131	動植物	0.8909
人／民族衣装＋祭り	1.9422	物／アートその他	4.3502	人／架空＋神妖怪	1.4128
固有値	0.8809		0.8765		0.8414
寄与率	13.95%		13.88%		13.33%
累積寄与率	13.95%		27.84%		41.16%

からも挙げられていることがわかる。すなわち、滋賀県下に共通して通じるシンボル的イメージを持っていると言えよう。これに対して、「忍者」や「大凧」「井伊直弼」などは、地域的な偏りが強く、ローカルなイメージを持っているといえる。滋賀県の観光資源等で「ビワコオオナマズ」がトップに来るというのはやや奇異ではあるが、顔出し看板ということから、おそらくは琵琶湖よりも擬人化しやすい点で上位に来ているものと思われる。同じく、信楽狸もその認知度と共に擬人化しやすいものとして馴染みが深い物で選ばれたのであろう。

ここで、発想源であるソースをみると、「歴史」「生物」「名産」「名物」「自然」と続いている（図2）。歴史や名産が強いのは全国的であると思われるが、「生物」「自然」が比較的多く発想されていることが滋賀県における特徴ではないだろうか。

表2は、画面で使用しているモチーフについて集計したものである。重複集計しているために、いぢち氏による全国一覧傾向とは直接比較はできないが、傾向を対比してみると、大きな違いとしては、コンクール画像では、圧倒的に人間のモチーフが少ないということである。逆に、動植物、自然の要素がとても多くなっている。また、物／商品も多いが、これは信楽焼などの土産物が多いことを反映している。

数量化Ⅲ類およびクラスター分析を用いて画像作品を類型化を試みた。解析の精度を上げるために、モチーフ類型の整理統合を行い、結果として10のカテゴリー変数を用いて行った。固有値と累積寄与率から、第Ⅲ軸までを用いることとした（表3）。第1軸は「歴史←→観光」の軸、第2軸は「ヒト←→モノ」の軸、第3軸は、「人工←→異界・自然」の軸と解釈した。さらに、この第Ⅲ軸までのウェイトを用いて各画像についてクラスター分析を行った。その結果、7クラスターに類型化することができ、ふたつの複合型

表4 顔出し看板画像の6パターン

類型	特徴	例	数	cluster	記号
自然型	「動植物」「自然」が圧倒的な要素を占めている。	「琵琶湖」「ビワコオオナマズ」「カイツブリ」	228	228	G1
歴史型	様々な要素が複合的に含まれているもの。	「わが町の歴史」「滋賀の歴史」「滋賀満載」	42	7 / 35	G2 / G3
祭り型	時代物の人間の要素が多く、さらに実在の人物や建物が含まれている。	「彦根城」「織田信長」「忍者」	130	130	G4
名物型	民族衣装や祭りの人間が描かれている。	「大凧祭り」「左義長祭り」	40	40	G5
オブジェ型	商品としてのモノが多く登場している。	「信楽狸」「大凧」「招き猫」	102	102	G6
複合型	アートその他の物が描かれているが、ほとんどが仏像関係である。	「十一面観音」「大仏」「雪だるま」	22	22	G7
		合計	564	564	

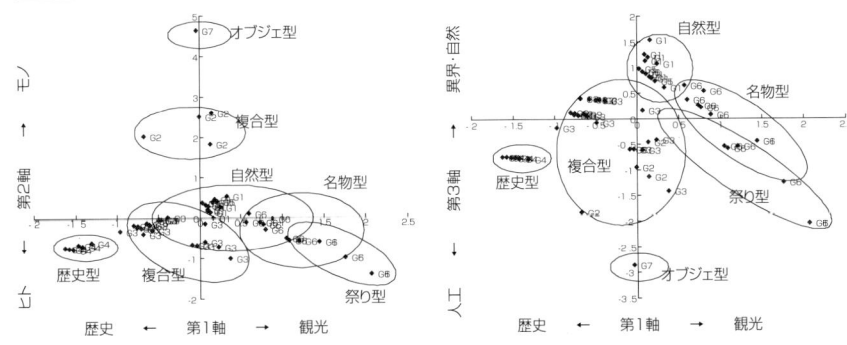

図3 応募された顔出し看板のパターン配置

をまとめて、6パターンに分けることができた（表4、図3）。この6パターンを見ると、「自然型」が最も多いことがわかる。続いて「歴史型」「名物型」と続いている。

自然型

魚や鳥などといった身近にある動植物や自然といったものをテーマにとらえたものであり、もっとも応募数が多い。滋賀県であるためか、「琵琶湖」そのものをモチーフにするもの、「ビワコオオナマズ」

▲自然型（守山ホタル） ▲自然型（里山応援団）

「カイツブリ」といった滋賀を代表するような生き物が取り上げられている。

複合型

　盛りだくさんにひとつの看板デザインにさまざまな要素を取り込んだもので、「わが町の歴史」や「滋賀の歴史」「滋賀満載」といったタイトルがつけられている。絞りきれないというか、サービス精神旺盛であれもこれも伝えたいという思いのあらわれであろうか。

◀複合型（草津宿本陣ご来館記念！）

歴史型

　「自然型」に次いで多いもので、「彦根城」といった著名な歴史資源や、「織田信長」などの歴史上の人物、「忍者」といった歴史上のキャラクターなどが発想されていた。過去の人にナリキルというのは比較的考えやすい素材なのだと思われる。

▲歴史型（ようこそ彦根城）　▲歴史型（近江商人）

祭り型

　郷土の祭りやイベントを取り上げて、その参加者としての姿を描いたものである。「大凧祭り」や「左義長祭り」などが描かれている。年に一回しか体験できないものを、看板とすることで、常に感じることができるのである。

◀祭り型（なべかんむり祭り）

名物型

　名物や名産品といった地域のモノを取り上げてデフォルメしているデザインである。これぞ顔出し看板ならではのデザインが数多く見られるものであり、ありえない擬人化を楽しむことができるものである。「信楽狸」や「大凧」、「びんてまり」「糸切り餅」などインパクトのある画が楽しめる。

6 顔出し看板論Ⅱ

104

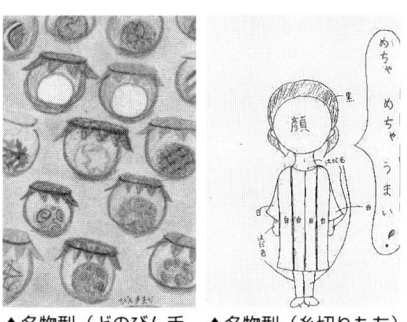

▲名物型（どのびん手まりがお好き？）　▲名物型（糸切りもち）

◀オブジェ型（十一面観音像）

オブジェ型

結果としてほとんどが仏像関係のものとなった。「十一面観音」や「大仏」などであり、なかなか実際には見ることのできない看板が考えられている。

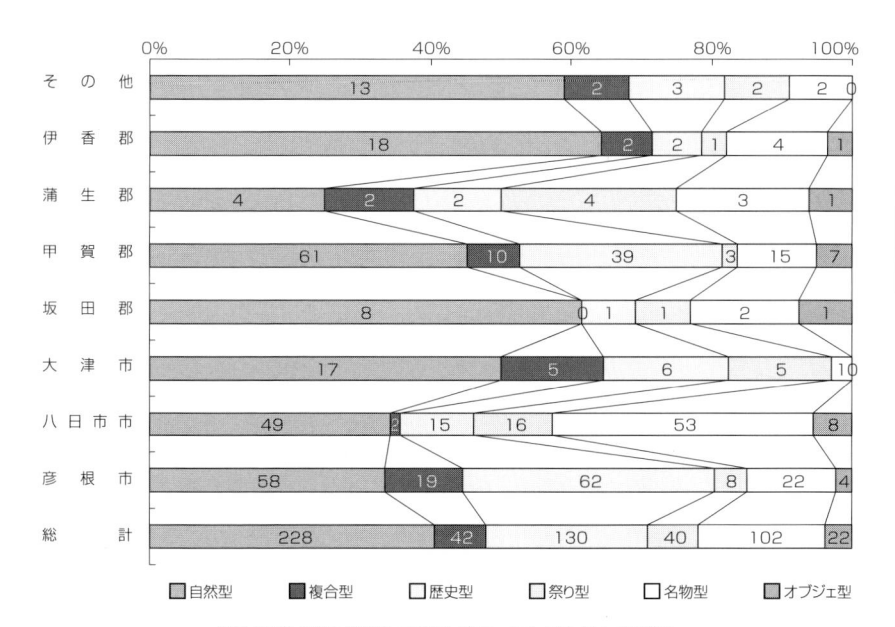

	自然型	複合型	歴史型	祭り型	名物型	オブジェ型
その他	13	2	3	2	2	0
伊香郡	18	2	2	1	4	1
蒲生郡	4	2	2	4	3	1
甲賀郡	61	10	39	3	15	7
坂田郡	8	0	1	1	2	1
大津市	17	5	6	5	1	0
八日市市	49	2	15	16	53	8
彦根市	58	19	62	8	22	4
総計	228	42	130	40	102	22

図4 応募された顔出し看板のパターンと居住地との関係

6 顔出し看板論 II

この6パターンと居住地との関係は、図4のようになる。どの地域でも「自然型」はある程度基礎的に発想されていることがわかる。これは、琵琶湖などの自然イメージによるものと思われる。また、彦根市では「歴史型」が多く、八日市市では「名物型」が多い。甲賀郡も「歴史型」が多い。世代別にみると、それほどの差違はないように見えるが、知識の量にもよるのか、小学生は「歴史型」や「祭り型」はとても少なく、逆に「自然型」が多い（図5）。高校生以上になると「祭り型」などの比率が増えてくる。カイ二乗検定をおこなった結果、地域とも世代ともに有意であった。世代間の有意は、どちらかというと地域別（学校別）が関係していると思われる。やはり、顔出し看板を考える行為には、地域性が強く関係していることが言える。

結論

　顔出し看板コンクールの564画像をテクスト分析として解析を行った。その母数としては中学生が大半であったが、その画像を分析することで、顔出し看板への思いを探ることができた。得られた結果を下記に整理する。

　①今回の滋賀県に関しておこなった画像については、自然や動植物といった要素が強く多いことがわかった。
　②また類型化を行うと、自然型、複合型、歴史型、祭り型、名物型、オブジェ型、複合型の6類型に分かれた。
　③その発想は、歴史や観光という考え、またヒトとモノという志向、さらには人工と異界といったものから発想されていることがわかった。

1) 近藤隆二郎（2004）：あなたを待ち続けている看板、京都新聞5月26日
2) 顔出し看板展示館http://www.kaodashi.com/ や顔出し道場http://www.fantoma.info/enmaden.htmlなど
3) 篠原修（1982）：土木景観計画、新体系土木工学59、技報堂
4) いぢちひろゆき（2001）：全日本顔ハメ紀行、新潮社（新潮OH!文庫）
5) 「エクセル統計2000」における多変量解析を用いた。

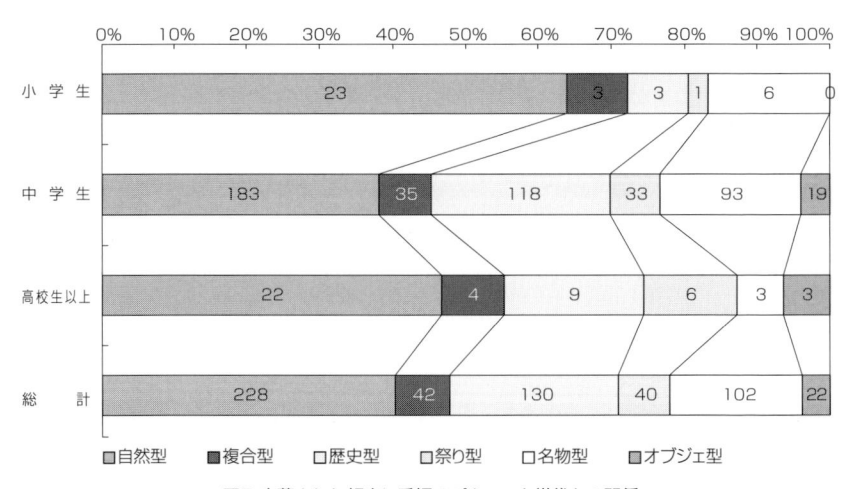

	自然型	複合型	歴史型	祭り型	名物型	オブジェ型
小学生	23	3	3	1	6	0
中学生	183	35	118	33	93	19
高校生以上	22	4	9	6	3	3
総計	228	42	130	40	102	22

図5 応募された顔出し看板のパターンと世代との関係

こんな顔出し看板を考えたぞ！

同じモチーフでコンクールに応募したものを取り上げて比べてみた。

①ビワコオオナマズ

全部で40近くの画像があった。もっとも滋賀で描かれたものである。まずその画像からうかがえるのは、顔を出す穴をどこに開けるかである。そこがけっこうみな迷っているとこのようである。なぜなら、ナマズの特徴はその「ヒゲ」であり、ナマズの顔を抜いてしまうと、そのヒゲをどう表現するかが困るためである。その結果、ナマズの顔を無視して真ん中に空けてしまうモノや、口に顔をはめるものなどが続出している。とはいえ、やはり顔だろうということで、ナマズの顔をそのまま抜いたモノは、ちょっと人面魚ちっくで怖い。あとは、まあリアリティよりもかわいいキャラクター化をすすめているものが多い。リアリティなものは怖いのであるが、忘れてはならないのが、琵琶湖の存在である。背景というかしもべ？　母なるものとして琵琶湖がいつもそばにある。中には琵琶湖と対峙しているものもあるが。

②信楽狸

2番目に多く描かれたのが信楽狸である。滋賀県では多くの家の庭などに設置されていることが多い。とはいえ、あらためてじっくりと見たりしていないのではないだろうか。この場合も、ああ、あの信楽たぬきがあったといってデザインに入るモノの、あらためて細部までどうだったのかということがおぼろげになってしまっている。試しに描いてみると良いが、けっこう描けないのである。そこで、「たぬき」に引きずられて、ぬいぐるみ的なたぬきになっているものもある。傘ととっくり、大福帳は記号として認知されていうようである。しかし、この看板については、たぬきが人間に化けるのではなくて、人間がたぬきに化けるという逆転になるわけですな。

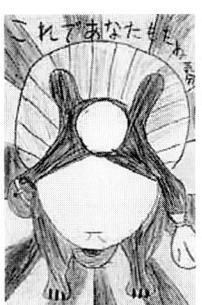

③忍者

日本が世界に誇るキャラクターである忍者である。甲賀の生徒は身近にあるためもあって、忍者を描くことがとても多い。また、まちのキャラクターである「にんくる」をイメージしたものもある。本来、忍者は影の暮らしで地味であったが、さまざまな映画テレビ等で超能力的なイメージを増幅され、スーパーマン的なイメージを持っているものも多い。今回の画像でも、かわいらしいキャラクター的に描かれるものから、リアリティをもたせるものまで、幅広くテイスト

6 顔出し看板論 II

が異なるものが描かれている。とはいえ、ナマズなどとは違い、そのそも人間であるために、その顔の抜き方に困ることは無い。工夫として、手を抜いているものもある。手裏剣を持たせるのか？　動きのある画像とするためか、手も出す看板となっているものもある。忍者へのあこがれはいまだに強いのだろう。しかし、忍者の着物が青か赤なのはなぜだろうか。

④大凧

さて、八日市（現・東近江市）は大凧で著名であり、その凧も堂々の4位にはいっている。顔出し看板としての大きな分岐点は、凧そのものに顔を出すのか、それとも凧の引き手としての人間に顔を出すのかという点である。引き手の場合は人間であるからそれほど無理はないし、むしろひいて上げている凧をじっくりと描き込めるので、画としての完成度はあがるとも言えよう。ところが、いざ凧そのものから顔を抜こうとするとこれまた大変である。奴凧のような擬人化されたものならば何とかなるが、通常の八日市大凧の場合、とくに人間を意識しているものではない。そこで無理矢理凧に穴をあけることになる。苦労のあとがしのばれる作品ばかりである。でも、正直言って、あまり大凧になってもうれしくないような気もするな。やはり凧をひいていたいぞ。

⑤織田信長

全国的にも著名である織田信長である。安土城趾があるために、あがってきたのだろう。教科書にある肖像の影響か、ほとんど緑色の着物姿で座位のものがほとんどである。統一されたイメージということがうかがえる。しかも、サムライ姿での工夫なのか、顔だけを出すようにしてチョンマゲなどは無理なくなるように穴があけられている。やはり安土城とのくみあわせが多い。

⑥琵琶湖

滋賀といえば琵琶湖であろう。何はともあれ琵琶湖である。滋賀を知らなくても琵琶湖は知っていると言う人も多い。さて、顔出し看板にもこの琵琶湖が多数描かれている。しかし、驚くべきことに、琵琶湖の向きは確定しているのである。北が上に配置するという報告のみである。これは、地図上の見方であるとともに、県が「Mother Lakeキャンペーン」として使用するポスターなどもこの向きであり、このシルエットは不動の地位を築いていると言えよう。また、その琵琶湖の真ん中を抜いて顔を出すようにしているものがほとんどである。中には、びわ湖マンや琵琶湖さんといったキャラクター展開を意図しているようなものもうかがえる。あとは、啓発ポスターのようなコピーがはいっているものも目立つ。こうなると、イメージとしての琵琶湖（という全体像）であろう。がしかし、観光地看板として考えると、琵琶湖というあまりに巨大なイメージとの乖離があり、いまひとつキャラクター化（擬人化）しにくいのではないだろうか。全国データを見ても、

もしかしたら最大級のキャラクターかもしれない。山などはあるものの、湖一個が顔であるから。

⑦十一面観音

描かれた数としてはそれほど多いわけではないが、なかなか特徴的なので取り上げてみよう。まずは、仏像と顔出し看板とはかなり距離があるものと思っていたが、実はそうでもないらしい。全国にも仏像が観光の目玉になっているところも多いためか、顔出し看板に仏像などをモチーフに用いる事例は無いことも無いらしい。多いかどうかまではわからないが、滋賀県も実は湖北地方などは観音の里として売り出し中であるので、いくつか描かれている。リアリティのある実写的なものから、ややコケティッシュなものまでおもしろい。とくに、顔とともに手を出すようにしているものは、仏像の印を手で実際に再現するというための工夫であろう。また、なんと言っても凄いのは、複数の顔を出すようにしているものである。11人でないところが不明ではあるけれど、きっと実際的な裏での身体の重なり合いを留意したためだろうか。うーん、こんなときにそんな気遣いは無用とは思うのだが。みうらじゅん氏ではないが、仏像とは結構「罰当たり」ではなくて、身近な存在としてあったのかもしれない。

表 コンクールに応募された
　顔出し看板モチーフランキング

数	対象
39	ビワコオオナマズ
33	信楽狸／忍者
29	大凧
28	織田信長
24	琵琶湖
18	サル
15	侍
14	井伊直弼
11	天女
10	魚／赤ぞなえ／彦根／えちぜん城
9	着物姿
8	大津絵
7	近江商人
6	かいつぶり／十一面観音／釣り人
5	水郷めぐり
4	ブラックバス／ホタル王／額田忍者／甲賀忍者／人間

※3以下は省略

6 顔出し看板論Ⅱ

報告される顔出し看板

ネット上に踊る顔出し看板

　いったい顔出し看板とはどのぐらいこの世に存在しているのだろうか。その実数は把握していない。というよりも、誰も把握しようとは考えていないだろう。既に廃棄されたものやイベント的に一時的に作成されるものもあり、なかなかの困難な作業である。しかし、顔出し看板という現象を捉えるには、全国に散らばる状況も把握したいものなのである。もちろん、顔出し看板マニアのバイブルとされるいぢち著作があるものの、それも全容というよりは、精選したものであって、全容はわからない。

　そこで利用したのがインターネットだ。ネット上で検索してみると、すぐ顔出し看板は見つかる。あらためて検索してみると、あふれるように莫大な数が報告されていることがわかった。インターネットという文化と顔出し看板というテイストがうまく合致しているのではないだろうか。その考察はさておき、技術的に画像を簡単に誰でもがネット上に報告しあうことができるようになり、さらにネット上での報告対象として、適当におもしろいものとして受け入れられているのではないか。また、デジカメやカメラ付き携帯の普及とともに報告することが楽しくなってきた傾向もあるだろう。その背景には、顔出し看板の存在そのものが上記に書いたように把握されていないということがある。第1次ブームから顔出し看板設置の流行が去り、消え去りつつあったがまだ残っているという「発見」のプロセスがある。レトロブームとも重なる面がある。

　2005年5月期のGoogleを用いた検索で、検索ワードは、「顔出し看板」「顔ハメ看板」「顔出しボード」でしたところ、ヒット上位200位だけでも1,042レコードあった。決して消えていってるものではない。あらたなブームが再来しているのではないだろうか。また、顔出し看板が国内に限られているわけではないこともこのインターネットからもわかる。海外に同じような報告サイトがあるのかは不明だが、主に日本人が海外旅行して海外で見つけてきた顔出し看板も報告されている。さすがに数は多くはないが、結構アジア圏と言わずにあるようである。また、日本人観光客を意識してつくられたものというわけでもないらしい。インターネットとはこのようなマニアックな情報を口コミ的に探すにはもってこいである。

ネット上1,042画像の分析

　ということで、このGoogleでつかまえた報告1,042レコードをデータベース化して分析することにした。もっとあるよという声もあるが、といって際限ないデータを求めるのもどこまでいっても限りがない。この作業にもかなり大変であって、その報告形式がバラバラであるために、データベースも情報の歯抜けが出てきてしまった。ネットという不確定情報なので仕方がない。しかし、データを埋めていくために1,000近くの画像を見続けていると、何となく可笑しくなってく

図1 ネット上の顔出し看板のテーマ一覧

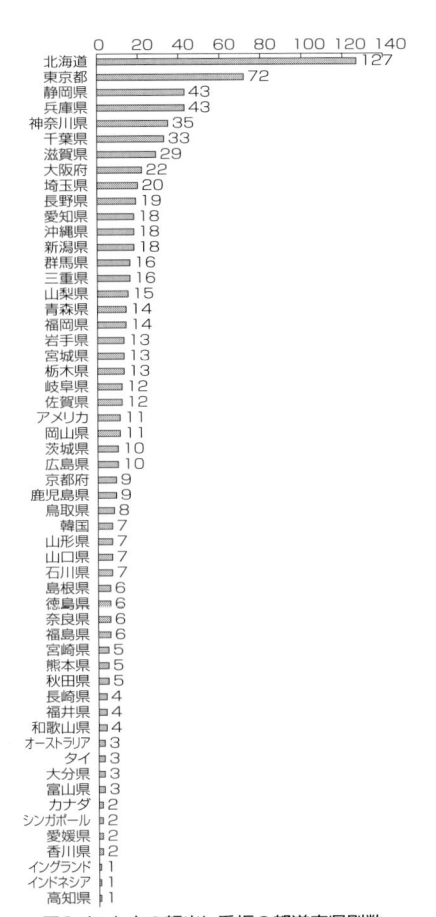

テーマ	数
駅長	29
忍者	18
宇宙飛行士	14
消防士	11
姫	10
鬼	9
大名と姫	9
カニ	8
武田信玄	8
旅姿	8
ゲゲゲの鬼太郎	7
ゴレンジャー	7
阿波踊り	7
温泉	7
海女	7
水戸黄門	7
武蔵	7
客室乗務員	6
松尾芭蕉	6
武士	6
スキーヤー	5
ひまわり	5
猿	5
牛	5
高校文化祭	5
大名	5
仏像	5
ウサギ	4
お遍路	4
サッカー	4
ナマズ	4
ねぶた	4
伊達政宗	4
騎手	4
義経	4
金太郎	4
西郷隆盛	4
船長	4
中華街	4
桃太郎	4
飛騨高山祭り	4
弁慶	4
弥次喜多	4

図2 ネット上の顔出し看板の都道府県別数

地域	数
北海道	127
東京都	72
静岡県	43
兵庫県	43
神奈川県	35
千葉県	33
滋賀県	29
大阪府	22
埼玉県	20
長野県	19
愛知県	18
沖縄県	18
新潟県	18
群馬県	16
三重県	16
山梨県	15
青森県	14
福岡県	14
岩手県	13
宮城県	13
栃木県	13
岐阜県	12
佐賀県	12
アメリカ	11
岡山県	11
茨城県	10
広島県	10
京都府	9
鹿児島県	9
鳥取県	8
韓国	7
山形県	7
山口県	7
石川県	7
島根県	6
徳島県	6
奈良県	6
福島県	6
宮崎県	5
熊本県	5
秋田県	5
長崎県	4
福井県	4
和歌山県	4
オーストラリア	3
タイ	3
大分県	3
富山県	3
カナダ	3
シンガポール	2
愛媛県	2
香川県	2
イングランド	1
インドネシア	1
高知県	1

6 顔出し看板論 II

る。いやーなんでこんなおもしろい看板をつくるのだろう。その作り手の考え方がおもしろ可笑しい。ひとりで作業しながらくくっと笑いが出てしまう。

さて、データベースを作成し、報告対象の重複チェック、所在地推定、形態分類などをおこなった。ある程度の著名な？顔出し看板の把握はできるのではないだろうか。ちなみに、重複チェックをおこなった結果、対象となる顔出し看板は827となった。つまり、215レコードは重複して報告されていた。中には4、5回も報告されている目につく看板もあった。

顔出し看板のテーマとして何をモチーフにしているかを見てみると、図1のような傾向があった。「駅長」が最も多く、次が「忍者」であり、やや驚くのは、「宇宙飛行士」が3位であった。とはいっても、1位の駅長でも全体の3.6％であるから、あまり順位に意味はないかもしれないが。ざっと見ればわかるように、それぞれパッと頭にキャラクター画像が浮かぶようなものが上位に来ている。それぞれ特徴のある格好をしているものが選ばれているのである。

図2は、顔出し看板のある地域を都道府

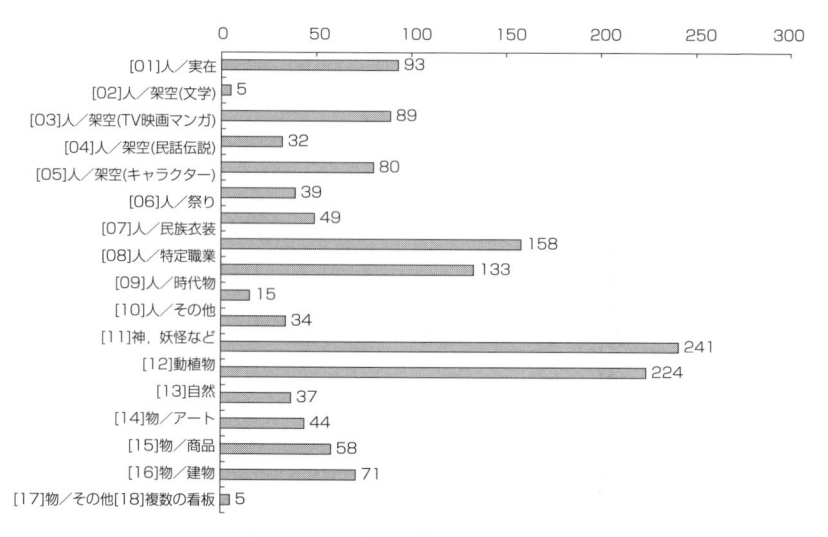

要素	件数
[01]人／実在	93
[02]人／架空(文学)	5
[03]人／架空(TV映画マンガ)	89
[04]人／架空(民話伝説)	32
[05]人／架空(キャラクター)	80
[06]人／祭り	39
[07]人／民族衣装	49
[08]人／特定職業	158
[09]人／時代物	133
[10]人／その他	15
[11]神, 妖怪など	34
[12]動植物	241
[13]自然	224
[14]物／アート	37
[15]物／商品	44
[16]物／建物	58
[17]物／その他[18]複数の看板	71 / 5

図3 ネット上の顔出し看板における登場要素

県別にみたものである。北海道が最も多く、127（15.4%）である。次が東京都72、静岡県43と続く。北海道に本当に多いのかという実数はともかく、この数字は、ネット上でよく報告されているものは、北海道が多いという意味である。北海道旅行が多いということもあるが、中身的にも、駅長というモチーフが多いことがわかる。これはJR北海道の戦略があるのかもしれない。

また、自然素材（カニや熊）も豊富なため、顔出し看板が多いのだろうか。いずれにせよ、観光地として写真撮影スポットとして多用されているのだろう。また、残存している可能性が多いということもあるだろう。東京都が多いのは、顔出し看板が豊富にある浅草を擁していることと、イベントなどのテレビ局との連動のものが多いということがある。静岡は、浜名湖花博で実施した「花めぐりPHOTOラリー」により全市町村に100以上の顔出し看板を設置したことが反映されている。ちなみに、滋賀県は7位と健闘している。

細かく見てみよう

さて、では、顔出し看板の画像を細かく分析してみよう。

顔出し看板には様々な要素が描かれている。それをカウントすると図3のようになった。ここよりわかるように、「動植物」「自然」が用いられることが多い。次に「人／特定職業」と「人／時代物」が続いている。この場合は、メインモチーフだけではなくて、添景としての要素も同じ1として加味しているので、動植物や自然

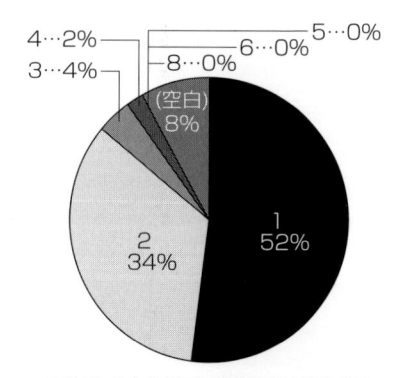

図4 ネット上の顔出し看板における穴の数

（円グラフ: 1…52%, 2…34%, 3…4%, 4…2%, 5…0%, 6…0%, 8…0%, (空白) 8%）

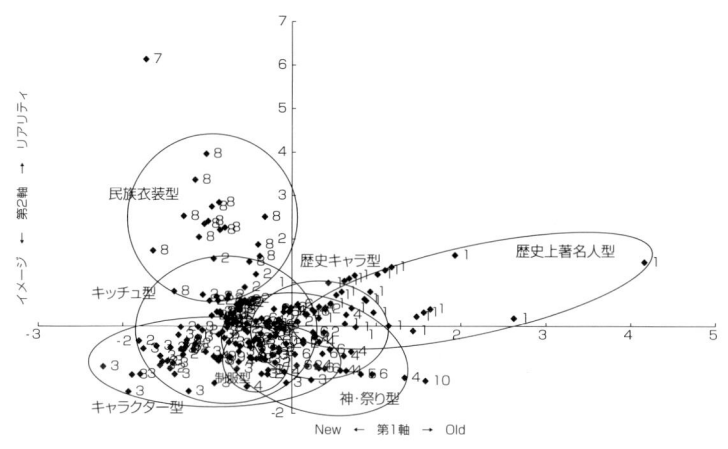

図5 ネット上の顔出し看板のタイプ分け

が多くなっている。なお、この傾向は、コンクール画像の傾向とよく似ている。なぜかはわからないが。

また、顔出し看板における穴の数も考察してみた。顔を出す「穴」の数である（図4）。うーん、だからなんだというグラフでもあるが、まあ、常識的にも顔を出す穴は１個が普通だろう。しかし、実は穴が一つなのは半分強（52％）でしかなかった。ちょっと自分でも驚きだった。次いで穴二つが34％、穴三つは33個、穴四つは1720個、穴五つは4個、穴六つは2個、穴八つは1個であった。穴を複数開けたくなるのだろうか。そして、栄えある八穴看板は右の南部梅林のものである。うーん、凄い迫力である。上の方の穴はどうやって顔を出すのだろうか。

類型化してみよう

さて、827のネット上の顔出し看板のおおまかな傾向は以上だが、次に、画像傾向を類型化してみよう。上記モチーフ要素と穴の数を各看板の構成要素として、数量化Ⅲ類およびクラスター分析を用いて類型化を試みた。その結果、第１軸「歴史old⟷new」、第２軸「リアリティ⟷イメージ」、第３軸「具体的⟷抽象的」を用いて付置することができた。さらにクラスター分析をした結果、下記の7タイプに分けることができた（図5）。

　キッチュ型
　キャラクター型
　神・祭り型
　制服型
　民族衣装型
　歴史キャラ型
　歴史上著名人型

▲南部梅林だ！（みなべ町南部梅林うめ公園 2007年、写真提供：月向農園）

6 顔出し看板論Ⅱ

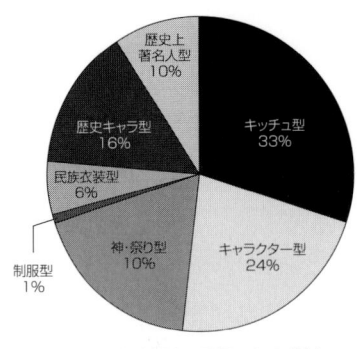

図6 ネット上顔出し看板のタイプ割合

各タイプの比率は、図6のようである。これを見ると、キッチュ型が最も多く、キャラクター型が次いでいる。この軸などをみていると、顔出し看板は、いかに日常とズレていくものに化けるかという潜在的志向があることがわかる。まずは、歴史的に昔のものを、という時間（時代）的な要素が来る。そのずらしの中で、「歴史キャラ型」である忍者や殿、姫、侍などに顔を出すのである。第2軸のリアリティ軸も、イメージをふくらませる架空キャラと共に、現実でもなかなか普通の人はなれない消防士や客室乗務員のような「制服型」への顔出し看板もうまれてくるのである。そこで、おかしな形の「キッチュ型」がうまれてくる。土産物のカニやカイなどを擬人化してしまったものなどが看板に描かれる。

ここで、この類型を地方別に当てはめてみる。地方別の傾向があるのだろうか。図7は、地方別にみた各類型の割合である。カイ二乗検定で独立性を見ると、類型と地方には関係があると出ている。四国や中国地方の母数が少ないが、北海道・東北地方は、「キッチュ型」が多く占めている。逆に、九州や近畿地方は、「歴史キャラ型」が比較的多い。甲信越・北陸は「歴史上著名人型」が多い。

これを都道府県別に見てみると、長野県、北海道および海外が「キッチュ型」が多いことがわかる。特異なかたちを創造するのに長けているということだろうか。また、「キャラクター型」は、和歌山県、沖縄県、そして滋賀県が多い。「神・祭り25型」は、徳島、青森が多い。それぞれ、阿波踊りとねぶた祭りに関係しているものである。「歴史キャラ型」は、福岡、千葉、佐賀が多い。「民族衣装型」は、奈良、タイが多い。「歴史上著名人型」は、

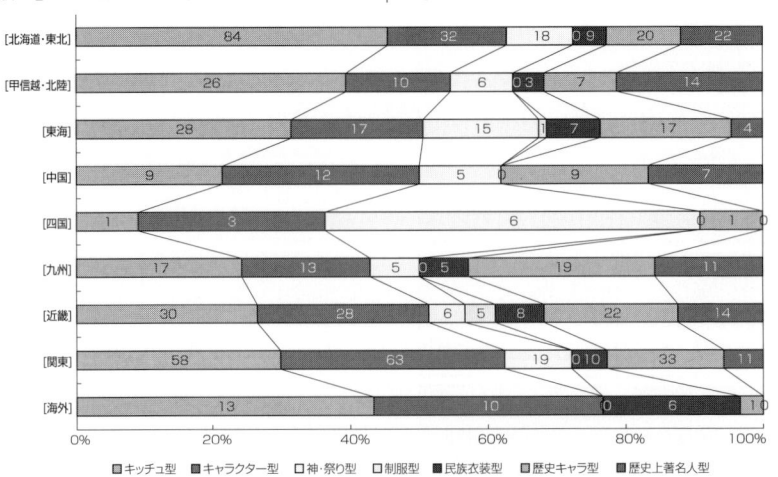

図7 地域別にみたネット上顔出し看板のタイプ割合

大阪、鹿児島、山梨、宮城、岩手が多い。
では、各タイプ別にどのような看板があるのかを見てみよう。

キッチュ型

表1のように、駅長、宇宙飛行士、消防士と続く。しかし、その次はカニであ

表1 キッチュ型ランキング

数	タイプ
29	駅長
13	宇宙飛行士
11	消防士
7	カニ 温泉
6	海女
5	スキーヤー ひまわり 牛
4	ウサギ サツマ ナスカ 猿 騎手 船長
3	イカ カンガルー サダイビング どうぶつ パイナップル 魚屋 水船 蝶 カースタちるん着員
2	アかこゴソニペ乙温客炭登農坊野郵羊 ザかけフトワン女泉室乗作球便 ラリクリトギの務員坑山業主手長 シししラムリン像選局

※1個は略

▲防護服（北九州市東田第一高炉史跡、2003年筆者撮影）

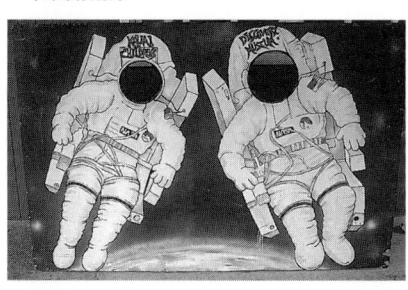

▲宇宙飛行士（ハワイカウアイ島、2004年筆者撮影）

▲わさびソフトクリーム（伊豆天城越え2005年、写真提供：福本聡氏）

▲由布島水牛（沖縄県由布島 2004年、写真提供：福本聡氏）

6 顔出し看板論Ⅱ

る。温泉、海女、スキーヤーといったところでは、観光地における看板ということがわかる。このあたりが、顔出し看板のネット上でもよく笑われるようなトンデモデザインが満載のタイプである。そのもの自体はそれほど個性がないために、そのデザインで魅力を上げようと努力していると言えよう。かなりおもろいデザインを見ることができる。

キャラクター型

ゲゲゲの鬼太郎やゴレンジャー（戦隊モノ）、水戸黄門などが多い（表2）。これはテレビの影響である。とはいえ、金太郎や桃太郎などの従来からの日本名作キャラクターも根強い人気である。テレビとの連動としては、近年ではさらなる新しい動きがいくつかある。ひとつは、子ども向け番組の戦隊レンジャーものの顔出し看板である。これはどこかに固定的に設置というわけではない。戦隊ものは、戦隊ショーと連動しているので、その年度のものの顔出し看板がつくられるというわけであり、またショーに付随して移動するためにイベント的かつ年度限定的なものとして使用されている。本来は、着ぐるみと一緒の写真会ということなのだろうが、有料なのでこのようなかたちも考えられたのだろうか。

また、近年のドラマでもっとも流行となったものは、韓流ブームのさきがけである「冬のソナタ」であろう。この顔出し看板が韓国のドラマを体験できるテーマパーク「冬のソナタランド」にできたということである（既に閉鎖）。日本からおばさまがたがツアーで行き、写真を撮っては冬ソナにはまったということであろうか。また、ローカル局との連動でも「yoyosファーム」という北海道ローカル局の番組のものがいくつか報告されている。番組がわからないので意味がわからないのだが。言わば、地域限定的な顔出し看板としても考

▲ゴミらレンジャー（滋賀県立大学、2005年筆者撮影）

▲ひこにゃん（国宝・彦根城築城400年祭、2006年筆者撮影）

▲あなたもペ・ヨンジュン（韓国冬のソナタランド、写真提供：がんもどき韓国旅行）

▲あなたもチェ・ジウ（韓国冬のソナタランド、写真提供：がんもどき韓国旅行）

表2　キャラクター型ランキング

数	タイプ
7	ゲゲゲの鬼太郎 ゴレンジャー 水戸黄門
4	金太郎 桃太郎
3	いぶきやさぶろう サンタクロース にゃんまげ 銭形平次
2	探検隊 冬ソナ［韓国］ アントニオ猪木 アンパンマン おもちゃ王国 ガッテン キティ ゴーヤマンジ ハイ バンヨリおばちゃん ひょっこりひょうたん島 伊豆の踊子 浦島太郎 招き猫 雪国

※1個は略

表3　神・祭り型ランキング

数	タイプ
9	鬼
7	阿波踊り
5	仏像
4	ねぶた 飛騨高山祭り
2	カッパ 結婚式 鷺踊 七福神 勝部の火祭り 帯祭 大黒天 天狗 浜名湖花博

※1個は略

表4　民族衣装型ランキング

数	タイプ
4	お遍路 中華街
3	アイヌ インディアン ハワイ 熊とアイヌ
2	オランダ村 ワニ園［タイ］ 琉球装束

※1個は略

えることができよう。それまでの、一般的観光客相手のものというよりは、やや限定的な視線を持つものとも言えよう。

　最近のテレビ連動ものは、看板作成技術の進化のために、写真をCG処理してほぼリアルな画像を用いるために、やや旧来の手書き看板的な顔出し看板とはテイストが異なってきている。リアル過ぎるのである。ハロプロ連動ものや映画宣伝の看板におけるものと同様で、通常のポスターの顔を切り取っただけという安易？　なデザインも多くなってきている。

神・祭り型

　鬼がトップである（表3）。また、阿波踊り、と続くが、驚くのは、仏像である。結構仏さんも顔出し看板のモチーフとして使われているのであり、罰当たりではないキャラクター化した嗜好があるといえよう。あとは、ねぶた、飛騨高山祭りなどが続くが、ちょっと異質なのが、結婚式である。これは、婚礼を模した顔出し看板が設置してあるものであった。

民族衣装型

　民族衣装型は、あまり数が多くないが、表4のようになった。お遍路と中華街における変身が上位で、エスニック的なものが多い。海外にも多いが、国内のテーマパーク的なヶ所に設置されている場合も多い。

歴史キャラ型

表5を見ると、忍者が多く、姫、大名、武士などが続いている。日本人にとっては、このような江戸期の格好は馴染みがあると共に、一度はしてみたい格好なのだろうか。おそらく、和装（着物）は着るのがめんどくさいというイメージがあり、ならば簡易な看板でしてみようということなのだろう。

表5　歴史キャラ型ランキング

数	タイプ
18	忍者
10	姫
9	大名と姫
8	旅姿
6	武士
5	大名
4	弥次喜多
3	着物男女
2	武将 殿様 着物子ども 大正ロマン 大山伏 花魁 歌舞伎 ねずみ小僧

※1個は略

▲尼僧（京都千本ゑんま堂、2003年筆者撮影）

▲レトロなふたり（門司港レトロ、2003年筆者撮影）

歴史上著名人型

表6に歴史上著名人型のタイプを、多い順に並べてみた。武田信玄、宮本武蔵、松尾芭蕉と続いている。歴史上の人物は

表6　歴史上著名人型ランキング

数	タイプ
8	武田信玄
7	武蔵
5	松尾芭蕉
4	西郷隆盛 弁慶
3	伊達政宗 義経 義経と弁慶 美空ひばり
2	ズームイン新撰組 天草四郎

※1個は略

▲決戦！巌流島（門司港駅、2003年筆者撮影）

▲義経と弁慶（京都太秦映画村、2005年筆者撮影）

やはり顔出し看板でも著名である。よく見ると、義経も多いことがわかる。これは、今年（執筆時2005年）のNHK大河ドラに便乗しようとする動きと連動しているに違いない。ということは、過去の顔出し看板でもこのあたりにはこの大河ドラマとの連動で作成されたものもあるだろう。武蔵や伊達政宗はその形跡であると推測できよう。しかし、織田信長が少ないのはなぜだろうか。コンクール画像ではとても多かったが、全国的にはあまり人気があるわけでもないということであろうか。

風景への参加というダイナミズム

画像分析から得られた結果

　ネット上に報告された顔出し看板と顔出し看板コンクールの画像を分析してみた。実際にあるものと想像上のものという違いはあるものの、その画像を分析することで、顔出し看板への思いを探ることができた。ネット上の画像を分析することにより、潜在的に歴史的oldとnew、リアリティとイメージ、具象と抽象といった感覚の中で顔出し看板が考えられていたことがわかった。

　また、キッチュ型、キャラクター型、神・祭り型、制服型、民族衣装型、歴史キャラ型、歴史上著名人型の7類型に分けることができた。滋賀県でおこなった顔出し看板コンクール画像については、自然や動植物といった要素が強く多いことがわかった。また類型化を行うと、自然型、複合型、歴史型、祭り型、名物型、オブジェ型、複合型の6類型に分かれた。その発想は、歴史や観光という考え、またヒトとモノという志向、さらには人工と異界といったものから発想されていることがわかった。

　この、実在のものと創造上のものとを単純に比較することはできないが、発想の源にはいかに日常生活とは異なる、とくにその場所、地域特有のモノ・風景になりきるか、どう離すかという工夫がある。時間（時代）をズラしたり、擬人化したり、異界へと解き放つなど、普段ではなれないモノ・場に「変身」するためのツールなのである。

顔出し看板とはいったい何なのか

　観光地などに置かれている顔出し看板は、観光業者や観光協会等、あるいは私的にみやげ物店などが作成して配置したものである。そのルーツは不明ではあるが、おそらくは第1次的ブームは「DISCOVER JAPAN」キャンペーンなどのカラーフィルムのカメラが一般的になってきた70年代から80年代であると推測できる。観光というイメージ情報をいかに看板というツールに写し込んでいくかが問われていた。

　滋賀県で実施した顔出し看板コンクールは、近年のものとしては唯一のものであると思われる。顔出し看板の写真コンクールはあるものの、そのデザインコンクールをおこなったのは他に見られない。中学生が多かったものの、564通の作品が集まったことはまずは評価せねばならない。また、ネット上へも、1000を超えるような（実際はもっと）数の報告数があることも評価できよう。決して過去のものではなく、その素材としてまだ意味を持っているのではないだろうか。

地域のシンボルを伝える

　では、顔出し看板のデザインを考えるということはどのような行為であったのだろうか。コンクール応募画像の分析結果を用いて推測してみよう。「あなたのまちの顔出し看板を考えてください」というと、そこには、各自が考える地域の

6 顔出し看板論 II

ものがたりづくり（シナリオ・ライティング）行為が作動していることがうかがえる。というのも、まずは、顔出し看板とは、ほとんどの場合、観光客向けに設置されるものであり、まずは、何が地域のシンボルであろうかと考えあぐむことになる。地域の名産や歴史、観光資源などを頭にめぐらせ、さらにその中から擬人化できそうなもの、つまりは顔を出して面白そうなモノを探すのである。ここには、キャラクター化を生みだす思考性も考えることができよう。観光資源として著名な風景や伝説があったとしても、そこでキャラクター化しやすいモノやヒトがあれば、そこを持ち出してくるのである。逆に言えば、キャラクター化しにくいものは、顔出し看板デザインになりにくい。今回の場合も「琵琶湖」よりも「ビワコオオナマズ」がダントツに１位として使用されたのもそのあたりのデフォルメやすさによるものと言えよう。実際の顔出し看板の場合は、設置場所の背景として現実の風景やモノを借景のように使うこともある。

このキャラクター探しが最初の段階であるが、応募作品を見ていると、メインキャラだけではなく、サブキャラや背景にも留意してひとつの風景を作成しようとしていることも見ることができた。サブキャラや背景として琵琶湖や里山を登場させたり、城を登場させたりしている。その地域のキャラを引き立たせるような舞台設定であるとも言えよう。ここに、顔出し看板のデザインは、頭の中にその地域の風景をいかに看板というデフォルメした四角形の中に再現するかという作業行程に入っている。絵はがきのように切り取った風景ではなくて、映画の看板のようにデフォルメして要素を詰め込んだシーンを創造しているのである。そこには、地域のシンボルをいかに楽しく激しく伝えようかという動作にあふれているのである。

「ホリオコシ」と「ナリキリ」

　さらに顔出し看板で最も重要なポイントは、顔を出すための「穴」を考えることである。通常の絵画や写真では考えられない、もっとも重要な部分を「抜く」のである。とはいえ、単なる穴で抜くのではなくて、その考え方には、来訪者としての観光客や子どもなどが顔を出して参加するという行為を想定していることになる。つまり、単なる絵画とは、絵画そのものにクローズしており、見るという主体はあいまいな主体として放置されている。しかし、顔出し看板の場合はメインになる部分としてお客さんの顔をどのように出すか、またいくつかの作品の場合には手や足をどのように出すか、また複数の顔がある場合、親子なのか友だちなのか、そのような顔を出してその風景を「見る」という瞬間についてもデザインすることになっているのである。単なる絵画ではなくて、使用される場合の、顔を出す主体とそれを見る主体の関係性についてデザインしていると言えよう。多くの場合、そこに「笑い」が伴っている。顔だけを出すこと、顔だけでその風景に参加することは、それだけですでにデフォルメとリアルのミスマッチがあって可笑しいのである。そのゲスト同士の笑いを湧き起こすような力をもつ看板をそこにつくり出していることになる。「演じる」ダイナミズムを含んでいる看板なのである。

　つまり、大きく「ホリオコシ」と「ナリキリ」という要素が入っていると言えよう。だからこそ、顔出し看板はやや苦笑い的な嘲笑的なものとして扱われてきたのである。とはいえ、今回のコンクールでそのデザインを考えることは、地域のものがたりを掘り起こすという行為と共に、来訪者としての参加者にどのようになりきって演じてもらうか、という場面までを考える行為になる。顔出し看板コンクールでは、そのように地域のシナリオともてなしのダイナミズムを考える契機になったと言えよう。

　昔の顔出し看板が廃れて使われなくなり、倉庫などに眠っているのは、その「ナリキリ」という使われてナンボという段階が機能しなくなったものと考えられる。つまり、顔出し看板は、単に眺めて見るものではなくて、顔を裏から出して参加しないと無意味な看板なのである。

「見え」による風景への再統合

　現在の観光では、「体験」がキーワードとなっている。そのため、各地で「ナリキル」ための体験メニューも数多く提供されている。十二単を着る体験や舞妓体験などがあり、ガラス工房体験や陶芸体験なども、職人に「変身」してみるともとらえてしまうと、観光とはその場やそのヒトに変身するということと拡大解

6 顔出し看板論 II

釈することもできるため、顔出し看板の特徴であった「変身」も色褪せてしまいそうである。

しかし、どうも顔出し看板は無くなりそうもない。しぶといのである。それはなぜか。

それは、一瞬の「見え」にあると考える。

前述のように、顔出し看板という世界を成立させるためには、顔の出し手、顔出し看板、そして写し手（見る）、という3者がいて初めて成り立つ。ここに観客としての笑い手が加わることもあるが。前述の着付けのような変身体験は、一瞬ではできない。短くても数十分、長ければ数時間もかかる。ところが、顔出し看板の場合は、顔を出して「カシャッ」と写真を撮るまでの時間は数秒である。顔を出すのに躊躇するのが通常なので、そのとまどう時間を抜けば、本当に数秒である。

自分の体験や人に顔を出してもらったときのことでおもしろいと思ったのは、顔の傾きや目線を気にすることがある場合である。例えば、大津百町館に作成した大津絵の藤娘の顔出し看板の場合、見返り美人のようなポーズであって、単に真後ろから顔を出したのでは全くもって身体と同化しない。分離である。

そこを何とか同化すべく、流し目のような体制をつくりながら顔の配置を決める。そう、一瞬の「見え」をつくるのである。これは、まさに歌舞伎役者がカッと目を見開いて、けれん味たっぷりに決める「見え」である。

つまり、顔出し看板は、あなたの顔で「見えを切る」ためのものでもあるのである。ものがたりに描かれた身体との失われた関係を一瞬の再統合にかける瞬間なのである。

気合いを入れて、顔出し看板と向かい合ってみよう。

そして、見る人は、もしも「見え」がうまく決まったら、声をかけよう！

「イヨッ! カオダシヤー」

顔出し看板をつくる

近藤隆二郎

7章

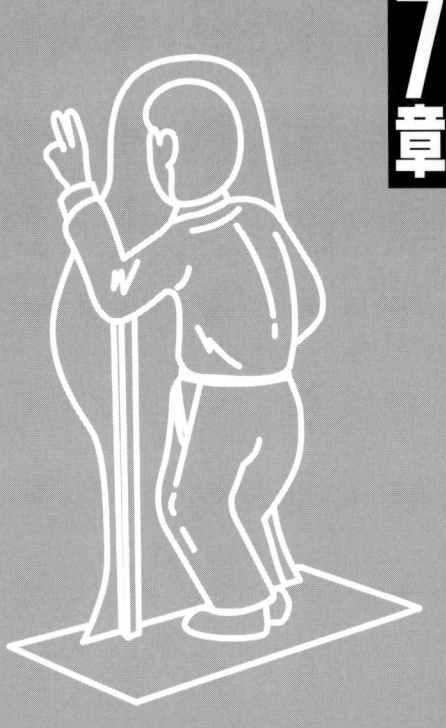

顔出し看板をつくってみよう！

　顔出し看板をつくってみたいという問い合わせが結構ある。まあ、それほど難しいものではなくて、誰もがつくることができるものでもあるだろう。例えば、模造紙でもつくれるのである。

　いくつかつくってきた経験から、手づくりの顔出し看板のつくり方についてまとめてみよう。

設置場所を決めよう

　顔出し看板にふと気づいてつくってみたいと思ったら、まずは、設置場所を考えよう。置き場所によってその造形はかなり変わるのである。雨風にも耐えられるような固定型なのか、イベント的に室内で飾る携帯型なのか、それらによっても変わるので。

目的を決めよう

　また、大切なことは、設置の目的である。誰に対して、顔を出すことで何を伝えたいのか。自分のまちの歴史伝説を伝えたいのか、新たなキャラクターを伝えたいのか、観光客か、自分のまちの人へか、子どもたちへか。

素材を探そう

　設置場所とおおまかな目的が決まったら、素材を探そう。伝説や歴史の中にあるキャラを使っても良いし。といって人でなくてもOKである。地元の産品を擬人化して顔出し看板にしてしまうものも楽しい。近年はNHK大河ドラマなどの顔出し看板が多発する傾向にあるが、ひっそりとある地元のものがたりに日を当ててもよいのではないだろうか。顔を出すことで伝えることができるのだから。また、使用するそのキャラの顔だけに特徴があると、結構顔出し看板では難しい造形になることは留意しておこう。顔を抜いてしまうので。例えば、独眼竜正宗などは、片眼のデザインが苦労するところである。また、アイテムや背景などにも留意しよう。こだわったデザインが後から語るときのきっかけになる。サブキャラを用いることもある。桃太郎ならばその家来たち、一豊なら馬となるように。

穴の数を決めよう

　次に大切なことは穴の数を決めることである。大切なことなのだが見落としがちである。現在あるものの傾向を見ても、必ずしも1個が主流なのではない。2個、3個という看板は多い。とくに、顔を出すことを考えると、子どもと大人もということで上下の高さをつけた2個を持つものも多い。思い切って11個なども楽しい？（十一面観音になる！）。犬用があってもよいかも。手足を出す穴があるものもある。どのような状況でその顔出し看板に顔を出してもらうかという状況を考えて工夫するとよいだろう。

▲まずは原画を描く（「功名が辻」しがんい制作、2006年　作画：蒲生美恵）

原画を描いてみよう

ここまできたら原画を描いてみよう。パソコンを使っても良いが、手描きも手づくり感が出て楽しい。簡単なものは、四角い板をそのまま使う場合で、その場合は背景などにも留意しよう。キャラの形で切り取る場合は、設置場所の背景との整合性を考えておこう。色合いについても、屋外なのか屋内なのかという設置場所の環境をよく考えよう。大胆な色づかいと遠方からはっきりとわかる描き方が求められる。キャラについては、蛇足だが著作権に留意しておこう。また、文字を入れたりすることも考えよう。キャラがわかりにくい場合は、名前や名称などを入れておくことも有効なので、それも計算して画面を考えておこう。

部材を選ぼう

では、ここから造形に入ろう。もっとも簡単な素材はコンパネ（90cm×180cm）を用いることである。ホームセンターに行けばいろいろな厚さのコンパネがあるので、設置場所に応じて強度を考えて選ぼう。ただ、あまり厚すぎると、顔の穴を切り取るときに苦労するので注意が必要。また、横90cmは原画によっては足りなくなることがあるので、縦横の寸法をよく考えておこう。

継ぎ足すことも可能だが、かなり重くなって運搬が大変になるのと、継ぎ足し部分は弱くなるので留意されたし。素材としては、プラ板や紙などもありうるが、基本は木であろう。

板を選んだら、同時に支える構造についても考えておかなければならない。立ってもらわないと顔を出しにくいので。簡単なものは、三角形の板で箱形にしてしまうもの。強度が重要となるので、この構造には設置環境と対比させて十分に考えることが求められる。折りたたみ式や携帯型などもある。また、倒れないような重量が必要であり、砂袋を置いたりという工夫がされている。耐久性についても、どの程度持つモノを考えるのかによって素材や構造は変わってくる。ホームセンターで相談すればよいだろう。

つくってみよう

原画も決まり、部材も決まったら、作成に入ろう。作成する場所の確保が結構大変である。設置場所にあるのがもっと

▲原画を拡大して板に写す

7　顔出し看板をつくる

125

▲キャラクターの形に板を切り抜く（通常はここまではしない）

▲ペンキを塗っていく

▲馬も切り抜きました

▲だんだんと千代の着物ができてきました

7 顔出し看板をつくる

も楽ちんではある。作成後の搬入だと運搬などが大変になるから。ペンキなども使うので必要ならブルーシートなども用意しておこう。

　まずは、原画を拡大して板に下絵を描こう。だいたいの絵柄のポジションが決まったら、顔の穴の位置を確認して穴をあけておこう。どのあたりに顔を出すかという高さとポジションのチェックである。ケースによっては、原画を完成させた上で、顔の部分をきれいに切り取り、後からとりはずし可能な顔出し看板とする場合もある。

　顔の穴があいたら、次には、絵をいっきにペンキで描いていこう。少々のミスはご愛敬。背景から塗り固めていくのが好ましい。色が浮き出てくる場合があるので、それも計算に入れながら。絵を描き上げたら、顔の部分と支える構造をつけてみよう。ただ、設置場所での作業が

好ましい。支える構造をつけてしまうと、運搬に大変になるので。また、顔を出す穴についてはヤスリなどを用いてなめらかにしておこう。顔を出すときにケガをしないように。

　看板の裏型にも気をつけよう。顔を出すときに、出しやすいように持ち手を付ける場合もある。

　また、作成年月日や作成者なども書いておこう。顔を出すときに伝えることができる。

設置ができたら

　設置ができたら、ぜひ顔を最初に出そう。それが顔出し看板作成の儀式なのだ。
　一度つくった顔出し看板だが、メンテナンスも忘れないでおこう。アイテムを増やしたり、後から着せ替えのように変えても良いのではないだろうか。最後に、念のため、保険に入っておくことも場合によっては考えられる。顔出し看板コンクール入選作品も、当初2年間は傷害保険に入っていた。

▲板の厚みにこだわって、完成！

7　顔出し看板をつくる

顔出し看板とまちづくり

まちづくりと顔出し看板

「まちづくり」というワードと顔出し看板がつながることはなかったであろう。でも、ここであえて顔出し看板とまちづくりをくっつけて考えてみよう。

さて、まちづくりとは何だろう？ まちに主体的にかかわっていくことをまちづくりととらえてみよう。さまざまなかかわり方があるけれど、そのひとつにまちの顔であるまちのシンボルをつくることも含まれるだろう。私たちは、かかわるまちに誇りや魅力を感じることが基本である。まちあるきや歴史などをひもとき、そのまちの大切にする宝物を探すことは、無いものを探すあら探しとは違い、好きになるための大切なステップである。そして、長所を伸ばすように、その宝物を将来にむかってどのように活かしていくかを考えることがまちづくりの基本である。

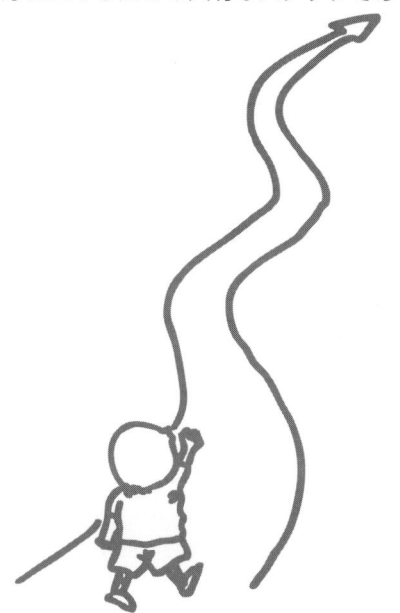

この、将来への道筋を物語（シナリオ）と言うこともできる。未来への物語があるまちは強い。なぜなら、向かうべき方向がぶれないからである。「物語力」「シナリオ力」が必要なのである。そして、物語を描くときに必要なのが主人公／キャラクター（キャラ）である。

ご当地キャラクターの時代

現在は、キャラの時代である。さまざまなキャラクターが生み出されている。企業CMなどでも、可愛らしいキャラが採用され、その商品以上にキャラが人気になっている例もある。さらに言えば、メディアをもちいたマスキャラの時代から、ご当地キャラも求められている。

かつて、バブルの時代には、都市のイメージ戦略が模索されていた時代があった。地方博ブームやイベント多発、リゾート列島の時代。しかし、全国的にみても画一的なイメージとマスをねらう方向がバブル終焉とともに失速し、結局は表層的なイメージでは根付かないということが実証された。テーマパーク乱立時代になって、東京ディズニーランドを真似して独自キャラの浸透を図るが、ベースとなる物語の浸透がディズニー映画のようにはいかず、なかなか苦戦を強いられている。その一方で、ご当地キャラが日の目を浴びてきている。「〇〇レンジャー」

7 顔出し看板をつくる

という戦隊を各地でつくり、イベントなどでPR活動をおこなっている。そもそもは、関係する地域だけに閉じた物語であったものが、その殻をやぶって著名になりつつある。キャラクターを自分たちでつくることは、物語をつくっていることでもある。また、人気が全国でブレイクした和歌山県熊野の「びんちょうたん」のように、ご当地キャラが人気を経て全国デビューするというプロセスもある。

　顔出し看板をつくることは、すなわちキャラクターをつくるということである。もちろん、歴史上の人物を取り出してつくることが多いのだが、そこには物語が考えられて描かれている。

顔出し看板のデザインを考えること

　顔出し看板のキャラクターを考えることは、地域の昔話や歴史、伝説などに思いをはせ、その中にあるキャラクターなどを掘り起こすことでもある。と同時に、来訪者に「もてなし」として、どのようなモノに「化身」「変身」してもらうかという想いがある。つまり、物語を未来に向けてつくることでもある。

　まちづくりとして考えると、看板という形態なので、個人レベルでも可能ではある。誰でもつくることができる。といって顔出し看板だらけのまちがあったらちょいと気持ち悪いが。個人でつくることは可能だけれど、まちづくり的な観点としては、せっかくなので、やはり地域のみんなで考えてみたい。

　あなたのまちの、過去から未来へむかう物語にはどのようなものがあるでしょうか。大切にしている物語がありますか。その物語の主人公はどのような人ですか。こんな問いかけから始めてみたい。過去の素材であっても、顔出し看板にする時には、ぜひとも未来を見据えたデザインを考えて欲しい。過去をリアルに再現することだけでなく、そこに前向きな解釈を加えるのである。顔出し看板コン

クールなどを仕掛けてみると、いろいろな想いが集まってくる。例えば、「名物型」で出てきた愛知川のびんてまりの看板案や、多賀大社の糸切り餅の看板案などは、名物の普段では気づかない側面を伝えようという想いのデザインが込められていた。

前向きな解釈という点では、顔出し看板のデザインは、是非手作業での作成を望みたい。現在の看板作成技術では、パソコン作成データをそのまま吹きつけたりプリントアウトしてつくってしまうので、CGなどを用いたグラフィックもすぐにできてしまう。とはいえ、顔出し看板が持つテイストの良さは、うまい下手にもかかわらず、アナログでつくるところに醍醐味がある。たとえ技術的には下手であっても、想いが伝わるように作成すれば、背景としての物語やメッセージは伝えられるのだ。

仕掛けというツールを埋め込んでいく

顔出し看板は、未来へのこうなってほしいといった「想い」を伝えるシナリオツールでもある。とはいえ、近年の制作の流行は、NHK大河ドラマといったシナリオに沿って雨後の竹の子のように乱立することが多く、オリジナリティという面ではおもしろくない。ドラマのイメージが強くて、画一的で制作者の想いが見えてこない。物語からの掘り起こしもそれほど練られているのではなく、安易なものが多いように思える。

顔を出すキャラクターをつくるということを大切にしたい。そこには、来訪者に「化ける」という行為を埋め込んでいるのである。まちの中で、来訪者がそのまちの物語にふれる窓口なのである。つまり、物語に同化、異化していく場でもある。ひとつの看板なのだが、そこを媒介として、変身する場である。民俗学的に言えば、まちの空間のなかに「境界」をつくることになるのではないだろうか。しかも、この境界は自然にできているものではなくて、人工的につくられたものであり、どのような物語(異界)へ変身させようかという想いが顔を出しながらわかるのである。だから顔出し看板には、お祭りで見せ物小屋に入るときのようなドキドキとした魅力がある。描かれた物語の主人公には顔が無く、その穴から顔を出すとき、あなたはこの世から隣接した異界へと飛んでいるのだ。

この境界を成立させていくには、キャラクターを是非成長させていってほしい。作って終わりではない。物語はどんどんと付け加わっていくものである。つまり、リカちゃん人形が家族を増やしていくように、ものがたりを増幅増殖させてみてはどうだろうか。そこに、地域の環境や歴史などがはいると良いだろう。さすれば、顔出し看板から地域のことを語ることができるのだ。しかも、やわらかく、ロマンチックに。

顔出し看板の可能性

8章

何故、人は顔出し看板から顔を出すのか

「DADAジャーナル」編集長　杉原正樹

第2世代看板と情報の受発信

　顔出し看板は、なんとなくそう呼ばれているだけで多分、正式な名前は無い。もっとも看板に「顔出し」という冠が付いているから、ただの看板よりは特別な存在なのかもしれない。

　もしも、ロードサイドにそれがあったとしても「顔出し看板」だと判断できる。「あの穴」故の控えめな存在感を漂わせながら、ご当地のキャラクター、地域のアイデンティティなど伝えるべき情報を確実に伝えている。顔が出されていない状態でも、十分に機能しているのだ。

　そして、顔が出された状態（何処の、特別でない、誰かが、顔を出した状態）が、この看板のあるべき姿だとすれば、ビジュアルの完成作業を情報の受け手に任せていることになる。入れ替わる様々な顔……。これは画期的なことだと思う。更に、情報の受け手は、写真を撮り、ホームページに掲載したり、画像をその場で携帯電話を使って送信する。或いは、自慢げに保存した画像を見せながら話す。顔出し看板は、情報の受け手を無意識のうちに情報の発信者に仕立て上げる極めて巧みな戦略を持っていると考えることができる。

山内一豊の家臣・田中孫作の顔出し看板（米原市高溝）▶

かつて、日本中の観光地にあったものを第1世代の顔出し看板とすれば、明らかに現代のそれは、第2世代と言えるだろう。第1世代を生きた人々は、懐かしさと共に顔を出すことで、以前の自分を思い出すことになる。第1世代を知らない人々も、様々なメディアを通してバーチャルな経験をして得られた記憶から顔出し看板にノスタルジーを感じている。加速するデジタル社会において、アナログ、レトロ、手作り、一点モノという変わらぬ様式は、第2世代に獲得した「情報の受け手が、無意識に情報を発信する」という戦略を見事に覆い隠している。顔出し看板がそこまで時代を先読みしていた結果ならば「顔出し看板、畏るべし」。優れたデザインとメッセージを新たに付与されたならば、媒体としての効果は想像を超えるのではないだろうか。

「孫作」から探る可能性

ところで、僕らの周りには、何らかの理由でその場所に存在はしているけれど、実は存在しなくても誰も困らないモノがある。向こう側とこっち側という境界を生みだし、向こう側の何かと、こちら側の何かを繋いでいる……。

顔出し看板もそのひとつで、僕も目に見えない向こう側の世界に魅せられた一人である。

僕は、情報誌の編集を生業としていて、一度だけ顔出し看板の取材記事を掲載したことがある。田中孫作定重のそれだった。原稿として受け取った写真の孫作は編み笠をかぶり、ただ走っているだけだった。記事を読み、改めて顔出し看板の可能性を思った。

大河ドラマ『功名が辻』は、山内一豊という無名の武士が土佐20万石を所領するまでに出世していく過程を描いたものである。動乱の時代を渡りきった一豊の処世と妻のお千代さんの内助の功がもたらしたエピソードを重心として語られることが多いが、実は一豊の功名には欠かせない近江出身の人物がいることがわかった。

米原市高溝（旧・近江町）の田中孫作定重その人である。

田中孫作を抜きに山内一豊をはじめ、現在の日本戦国史を紡ぐことはできない。歴史にもしもを持ち込むのはナンセンスだけれど、彼がいなかったら、江戸時代は訪れなかったかもしれない。

豊臣秀吉の没後、一豊が徳川家の家臣として上州宇都宮にいたときのことである。大坂城に残されていたお千代さんが石田三成の挙兵の動きに気づき、なんとか夫にそれを知らせるための使者として呼ばれたのが、田中孫作であった。当時、孫作はお千代さんに仕えていたらしい。すぐにでも一豊に知らせなければならないのだが、石田三成の勢力に囲まれ

8 顔出し看板の可能性

て身動きがとれないお千代さんは一計を案じ、編み笠の緒に密書を織り込み、孫作に商人の格好をさせて使いに出させた。

大阪から宇都宮まで約650キロ。並大抵ではない。しかも、時は動乱の世である。治安もあったものではない。実際、孫作は岐阜県で山賊に襲われ、衣類から腰の大小まで強奪されたというのだから、その苦労も推して知るべきだろう。それでも編み笠だけは守り通した孫作は、無事に密書を届けることに成功し、三成挙兵を知らせる第一報となった。一豊の出世へと繋がるのである。

編集部の羽原仁志の取材記事だ。
「どうして田中孫作は走ってるのか？」
「何故、編み笠をかぶってるのか？」
「そもそも誰なのか？」
顔出し看板の向こう側には多くの情報が隠されている。その情報は、個人の興味によって、何処までも広がっていくことになる。

孫作にまつわる逸話はまだある。天下分け目の関ヶ原で最初不利だった家康側（東軍）が勝利できたのは、小早川秀秋という西軍の武将が寝返ったからといわれている。これがなければ、東軍は勝てたかどうか怪しいらしい。実は、小早川氏に味方になるように差し向けたのは一豊で、実際に説得したのが孫作であるらしい。ここでも孫作は、敵陣のなかに単身使者として馳せるのである。勇敢で忠義に篤い人物だったのであろう。

その後、田中家は明治維新まで土佐山内家の家臣として存続している。しかし、歴史を変える働きをしたにもかかわらず、なぜか80石という安い俸禄しか受けていない。

現在、高溝に孫作の子孫は住んでいない。墓所と屋敷跡が残るばかりだが、歴史を作った近江の先人として今もその勇姿が語り伝えられている。
（「ＤＡＤＡジャーナル」vol.396・2006.6.11、参考：高溝孫作会編・刊「山内一豊・千代の忠臣田中孫作の里高溝」2006）

顔出し看板の前に立ったとする。
関わり方次第で無限の広がりがある。また、こちら側の情報量によって、顔を出した時、穴から見る風景は変わってくることだろう……。

顔出し看板は、受け手を無意識のうちに発信者に仕立て上げるだけでなく、看板の向こう側にある情報を、受け手自身の興味によって無限に引き出す能力を持っているのだ。

ただ、ここにシリアスな問題がある。
「どうして田中孫作は走ってるのか？」
「何故、編み笠をかぶってるのか？」
「そもそも誰なのか？」
顔を出す前に真剣に対峙しなくてはならない事態が生まれる可能性がある。こうなると、とてもしんどい。

例えば、妖怪がそうだ。

昔、犬上郡多賀町萱原に「二丈坊（にじょうぼう）」という妖怪がいた。大人は二丈坊の威厳を都合良く借り、叱ったそうだ。「ほんなことしてると二丈坊が来よるで！」もっぱら子ども達を叱る時にこの妖怪は登場

した。永源寺では、「山を越えて二丈坊が来よるで」と叱る。「山を越え」てと、多賀を暗示させるところに信憑性を持たせている。

現代において「妖怪は、地域の教育として使えるのではないか？」と考える人が現れる。

それは、成功するかもしれない。

また、妖怪はかつて日本の風土と共にあった。それは人々の自然への畏怖としての現れでもある。

「妖怪は、エコに使えるのではないか？」と考える人が現れる。

それも、成功するかもしれない。

しかし妖怪の背後にあるはずの異界は失われてしまっている……。こちら側の都合を暴露した妖怪は突然、魅力を失ってしまうのだ。言葉を曲解し、吐き捨て、それがまた、まかり通る時代である。こちら側の意図にそう易々と乗ってくれるほど、現代は単純ではない。

米原市高溝の場合、田中孫作は編み笠をかぶりとにかく走ってることだけが大切であり、何故、編み笠をかぶり走っているのかは、問題ではない。「単なる顔出し看板」であるところに価値があり、顔を出せば、映画マトリックスのように知識がダウンロードされるような装置が組み込まれていないところが、素晴らしいのだ。

とりあえず顔を出す……。

その行為が未来のある時、意味を持つことになる。顔出し看板の向こう側にある世界の存在に気づく一瞬が訪れるのだ（訪れない場合もある）。その場で対峙することが大切なのではなく、その一瞬を第2世代の顔出し看板は待ち続け、それが製作者・設置者の企みでもあるのだ。

看板のこちら側と向こう側

しかし……、何故、人は顔出し看板から顔を出し、写真におさまることで満足しているのだろう。顔を出し、気の利いたひとことを発してもいいと思うのだが……。この辺りはYouTubeなどのビデオコンテンツを扱うメディアの進化により、新しい展開が期待できるのかもしれない（既に顔出し看板は、登場しているかもしれない）。インターネットという計り知れない向こう側の世界の話である。

こちら側というのは顔出し看板の絵のある方、向こう側は絵の無い方である。実は、僕が顔出し看板をとても気に入っているのは、もう一つの向こう側の存在だ。例えば、『フィールド・オブ・ドリームス（ケビン・コスナー主演）』のトウモロコシ畑のようなものだ。向こう側の世界を感じることができる人にだけ見える世界でもある。僕に向こう側が見えるのかというと、見えるわけがない。在ると信じていたいと望んでいるだけの話だ……。

僕にモノゴコロが芽生えた時には、既に顔出し看板はあった。第１世代の顔出し看板だ。積極的にライフスタイルに取り入れ楽しもうとする人々が現れるまでにはまだ相当の時間を必要としていたし、コレクターという存在とその価値を世の中はまだ認識もしていない。勿論、デジタルカメラやインターネットも無く、顔出し看板は旅の想い出としてアルバムの１ページに永久に格納される運命にあった時代である。

看板の前に立ち、僕は、顔を出すことは無かった。顔を出すという行為が恥ずかしかったわけではない。むしろ積極的な関わ

りを望んでいたのだが、穴のサイズと顔の出し方に悩んでいた（本当はそんなに深刻に悩んでいたわけではない）。髪の毛の生え際から顎の少し上までピッタリなのか、顎まで出すのか。首まで出してしまうのか……。僕の顔の部品は目を除き全てが少々大きくできていたから、それは当時の重大な問題だった。後頭部を出す奴もいた。出すからにはウケることもまず大切だったのである。出せばいいというモノでは無かったように記憶している。

とりあえずということをしなかった僕は、第2世代の顔出し看板が登場した現代も生きている。出したい興味はありながら、未だ一度も顔を出したことはない。出す機会を逸していると言ったほうが正しいかもしれない。

様々な向こう側が見えてくる

そんなわけで、生涯に一度だけは出そうと決めた（今、この段階で決めた）。一度だけ、一度きりである。

僕は、多分……、自分にピッタリの顔出し看板を発見することになると思う。それは、何故その場所にあるのか解らないけれど、ただ存在していて、見た瞬間に「ああ、これだ」と思える顔出し看板である。独りそこから顔を出すことになる。僕は探し当てたピッタリの穴から顔を出す。今のところ、まず顎を穴の縁に乗せてから髪の毛の生え際までをピタリと出すことにした。少し孤独を抱えながら、ものすごく静かに顔を出す。僕にはとても神聖で重要な意味ある行為に思えてくる。僕を見ている人は誰もいなくて、まるで映画のようだと……思う。そして、ものすごく満足する。

何処かの山の頂にそれがあったりするといいと考えている。

世の中には数え切れない顔出し看板がある。その中にたった一つどうしてもこの看板だけは顔を出しておきたいという特別な代物があるのではないかと思うのだ。顔を出した時、夢のような世界がそこにあったっていい。

顔出し看板は、世界中の誰もが穴が空いているだけで顔を出す看板だと判断することができる。僕の知っている限り、使用方法の解説文は存在しない。顔以外のモノを出さないでくださいなどと野暮な注意書きも無い。そして、顔出し看板はただ存在するだけで、想像力に無限の可能性を与えてくれる。勿論、それには顔を出す側、遊ぶ側にも多少の能力が必要なのだが……。

顔を出しまくるのもいい。ある人は看板を前に考え込み、ある人は無関心を装うのもいい。向こう側からこちら側をのぞく。或いはこちら側から向こう側をのぞいてみるのもアリだ。これは面白い。こちら側から、向こう側をのぞくのはどんな感じなのだろう。

とにかく弄び尽くすうちに様々な向こう側が見えてくるに違いない。

単なる記念としてではない、製作者の素晴らしい企みに期待したい。

杉原正樹（すぎはらまさき）■1957年滋賀県彦根市生まれ。法政大学法学部卒。1988年より「DADAジャーナル」編集人。淡海妖怪学波代表。編著書に『カロムロード』（サンライズ出版）。FAVORITEメールマガジンで「映画の中のダイナソー」連載中。

---

8 顔出し看板の可能性

顔出し看板プロジェクト

9章

滋賀県「顔出し看板」発掘再生新規開発プロジェクト

樋口幸永

「ええとこ滋賀探検隊」からの広がり

　財団法人滋賀総合研究所が運営する電子会議室「e〜まち滋賀インターネット政策広場」は、電子会議によって政策への提案やまちづくりのアイデアを持ち寄り話し合う「プラットホーム」として2002年7月にオープンした電子会議システム。今回のプロジェクトのきっかけとなった「ええとこ滋賀探検隊」は、ここで開設された電子会議室のひとつで、「滋賀のいいところを教えあおう」というコンセプトのもと、滋賀のいいところや穴場情報、ときにはアヤシイスポットなど、インターネット上でにぎやかに語り合っていた。

　2002年10月、日頃パソコン上でのみ交流している仲間が実際に顔をつき合わせて行う「オフ会」を、「ええとこ滋賀探検隊」でも開催しようということになった。「探検隊」なので、やはり会議室で話題になった現場に、実際に探検にいこうということに。具体的な探検先選びの会話の過程で、湖北地方にある顔出し看板に関する会話に及ぶ。今から思えば、これがすべての始まりであった。さらに「『顔出し看板』といえば1968年大津市で開催されたびわこ博覧会で設置されていた」という発言から、「ほかにはないのかな？」「過去にはあったのか」「今はどこにあるのか？」など、会話が盛り上がった。

　そんなある日、kondojiが「こんな本みつけました」という書き込みで示してきたのは、いぢちひろゆきさんの『全日本顔ハメ紀行』（新潮OH!文庫）であった。kondojiは早速この本を購入する。そこでわかったことは、全国に数多くあるはずの顔出し看板一覧の中に、滋賀のものがないということ。「うーん、それはいただけない」「滋賀を盛り上げるには、顔出し看板しかないんちゃう？」この本がきっかけで、顔出し看板の話題が一挙にヒートアップしていった。

「顔出し看板コンクール」への道

　年が明けて2003年。「こんなホームページをみつけた！」とあひるが書き込み。県の県民文化課が「滋賀県民文化活動チャレンジ企画」の助成先を募集しているという。「顔出し看板で応募してみる？」「やろうやろう！」ということで集結したのは、あひる、kondoji、ひらめ、ひぐひぐ。まずは集まって今後の策を練ることに。

　最初に、グループの名前を決めよう。「この呼称を聞けばやっていることがそのままわかるように」と決めたのは、「滋賀県『顔出し看板』発掘再生新規開発委員会」。でもこれではちょっと長過ぎるので、「略称しがんい」という注釈もつけてみた。

　助成申請の事業は、滋賀県内の顔出し看板の「発掘」と「再生」である。特に、「再生」の部分で、県内で顔出し看板コンクールを開催して、図案デザインを募集、入選作品を該当する地域に立てる。「発掘」と「再生」した顔出し看板は、一覧にしてホームページなどで発表するというもの。年度の終わる2004年3月末日までの一連の事業計画をおおまかにたてて予算も見積もり、1次審査（書類審査）に臨む。

9　顔出し看板プロジェクト

「1次審査通過」の通知が届いたのは7月8日。第2次審査はプレゼンテーションである。どんな発表にしよう？ 実際に看板をひとつ作って持参しよう。ひらめが知り合いの製材所に頼んで、小型で、さらに降りたたんで持ち運びもできる「ポータブル顔出し看板」を作ってもらった。絵は、今後いろんな場面で必要に応じて替えられるようにと、板に直接描かず、模造紙にポスターカラーで描きテープで貼り付けた。プレゼンでは、七福神の中のひとりえびすさんを描いて臨んだ。

数日後、助成の内示通知が届く。一同びっくり！ 半分はしゃれで応募したつもりが、1次も2次も通ってしまったのである。

ふむ、とにかく今後のことを決めなくては。取り急ぎ、下記の内容で実施していくことに決めた。
- 10月広報開始
- 11月応募受付開始
- 翌年1月Web上公開審査会
- 2月審査結果発表
- 3月看板制作・設置

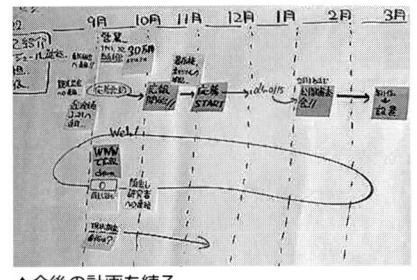

▲今後の計画を練る

コンクール開催

実際に動き始めたのは9月の初旬頃。まずは売り込み活動。協力してもらえそうなところをリストアップしてみる。子どもたちの応募に関して協力してくれそうな県教育委員会、看板作成に関してアドバイスをいただきたい看板業者さんの組合、看板設置に協力いただけそうな鉄道会社や観光関連の会社など。これらの団体や企業に営業に行くの？ やったことないけど大丈夫かしら？ 不安はある。しかしとにかく動き出さなくては。

協賛依頼書や事業の企画書などを送って数日後、緊張しながら電話を入れてみる。

まずは県の教育委員会。「そんな資料が届いていない」とおっしゃるので再送付。すると「そういう依頼はたくさんあるけどほとんど断っています」というつれない返事。（早く言ってよー）

某鉄道会社の子会社である広告会社。資料を送ったものの、封をなかなか開いてもらえない。何度か電話してようやく担当の人をつかまえられたと思ったら、「うちがどういう会社かご存知ですか？」と剣もほろろにお断り。（ビジネスの社会ってキビシイのね）

もう1件の鉄道会社は湖東地区を中心にバスを走らせる老舗。ここは好感触！ 実際に会社を訪問して説明も聞いてもらえた。「うちの沿線の看板ができたら、設置依頼に一緒に行ってあげますよ」「いくつかの駅前にも立てましょう」「チラシも配布協力させてもらいます」。（感謝感激！）

最後に、滋賀県広告美術協同組合さん。ここも快く協力に応じてもらえた。守山にある理事長さんの会社を訪ね経過説明と今後の協力要請をお願いに伺うと、大津から事務局長さんもかけつけ同席していただいていた。実際の看板の制作費や制作期間、多くの人が接触したり戸外に置くものなのでその安全性を問われることなど、具体的なアドバイスをたくさんいただけた。チラシに「協賛：滋賀県広告美術協同組合」の名前を入れることを許可してもらえた。これで事業としても箔がつきそう。ほくそえんで社をあとにした。

9 顔出し看板プロジェクト

協賛のお願いばかりに時間をとられてはいられない。期待している協賛金が取れなかった場合も考えながら、今後の方針を考えなくては。そこで考えたのが「松竹梅制度」。看板の質によってランク付けし、看板のオーナーになっていただく方からも協賛をいただこうというもの。「松」3万円しっかり看板、「竹」2万円まあまあ看板、「梅」1万円かんたん看板。この時点で、どの看板にどれくらいのオーナーがつくか想像もつかないが、徐々に具体的な内容を詰めていく必要があったのだ。

チラシも考えなくては。応募用紙はどうしよう？ 入賞賞品は？ 決めなくてはいけないことが多かった10月から11月は、4人で作ったメーリングリストでもっとも頻繁にメールがやりとりされた時期であった。

11月10日、発注していた1万枚のチラシが到着。こんなたくさんのチラシをどこにどう配布すればいいものか…。ちょっと途方にくれながらも方々に「チラシ配布協力」を依頼し、なんとか1万枚のチラシを配布することができた。

11月14日、NHK大津放送局から取材申し込みが入る。「看板の『発掘』に県内を廻るみなさんに同行したい」とのこと。今は「発掘」よりも「再生」(＝コンクール開催) に手一杯なんだけどなぁ。しかしなんといってもテレビ！ PR効果が期待して出ることに決めた。

その週末の11月15日・16日の両日は、大津市の「まちなか博覧会」という中心市街地活性化イベントでPR活動。ここでは「ポータブル顔出し看板」が大活躍！ 訪れた人たちの写真を撮ってあげてその場でプリントして渡す。その際応募ハガキも一緒に渡してコンクール応募を呼びかけた。

NHKの取材の収録は11月27日。レポーターの女性とともに県内の顔出し看板「発掘」の旅に。土山の道の駅、信楽の陶器店、そして大津の曳山展示館の3ヶ所を、ほぼ1日かけてまわった。この様子は12月4日と8日の2回オンエアされた。

様々なかたちでのPRの内容はじわじわと伝わっているようではあったが、「面白いことをしてるね」と興味を示してくれている人が必ずしも応募をしてくれるとは限らない。相変わらず全く先が読めないまま、12月を迎えた。

前後するが、既に11月13日に応募作品第1号が届いていた。忍者を描いた小学生からのも。とりあえずよかった〜。例え応募がこれだけでも、これを看板にすれば何とか面目は保てるかも。メンバー一同、ちょっと弱気な安堵感を抱く。

その後約半月間、12月になっても、応募が全くなかった。既に1万枚のチラシは全県にまんべんなく配布されているはずなのに。不安感を募らせながらも、新聞社、ラジオ局、テレビ局へのファックス送付、記者発表などへのPR活動を続けた。

そんなとき、ある中学校から「冬休みの宿題にしたい」との連絡が入る。早速応募用紙の束を中学校に届けると、同じような申し出が、新たに3つの中学・高校から寄せられた。これで3桁台の応募は見込めそうか？

その後、新聞に次々とコンクールの紹介記事が載り、結局年内に、7つの応募作品が届いた。

年が明けて

3学期の始業日1月8日、さらに別の中学校から「生徒の作品をまとめて送る」と電話連絡が入り、翌日8つの作品が届く。やったー！ 去年応募の全作品数 (7つ) より多い！

しかしこの喜びはほんの序章に過ぎなか

った。同じ日、余呉町の小学校・中学校からまとめて届いた作品は27、個人応募が3作品。さらに1月13日になると、個人応募の5作品のほかに、先に問い合わせを受けていた中学校と高校から続々と作品の束が届き、この日で応募作品は300を超えた。

　週が明けて1月19日、彦根市の中学校から200ほどの作品と個人の応募ハガキが39枚。これらは多分週末に送られたものであろう。既に締切は過ぎていたが、期限切れと除外してしまうのはあまりにも忍びない。これらも応募作品として記録し、ここで応募受付を終了。応募総数は564であった。

　1月22日、第4回目となるミーティングを開催。564作品を前に考え込む4人。これらの中から優秀な作品を選ぶのはなんとかなるだろうが、問題はそれを実際に該当する場所に設置すること。設置にかかる費用は助成金だけでは賄えそうにない。それ以前に、作者の希望する設置先施設が設置を断れば、看板にすることができない。これでは応募者の苦労が報われない。

　ここから先は、常に予算と照らし合わせて考えていかなくてはならなかった。助成は事業費の半額。当初、残りの費用はDIY小売や広告会社などの関連企業に協賛金を貰おうという計画であったが、コンクールの方が手一杯で、結局この時点では、どこからも協賛金が貰えていなかったのである。やはり「松竹梅制度」の採用しかないのか。以前お会いした広告美術協同組合の理事長さんは、「安全な看板を作るには10万円は必要」とおっしゃっていた。これ以降、巨額な協賛は見込めそうにないし、小額の協賛金と県からの助成で得る手持ちのお金とをあわせても、安全で立派な看板を立てることはできないかも？　諸雑費を差し引くと、2体くらいしか作れない？

　お金の話はおいおい詰めていくこととして、この日のミーティングでは、審査会の手順を決めるに留まった。

　これに従い、まず2月上旬、「WEBによる公開投票」を行い100作品を選び出した。さらに2月22日には、大津市の百町館で「公開審査会」を開催。審査員は、県内の美術やまちづくりに造詣のある方5名にお願いしていた。審査には、次のような基準を設けた。

- 「滋賀」にちなんだもので、そのまちの歴史や行事、特色を表現したもの。
- ユニークで楽しい作品であること。
- 顔か身体の一部を看板から出すことで、「なりきる」ことが可能なもの。
- 著作権の侵害、および第三者に迷惑のかからないもの。

　その結果、最優秀賞に伊吹町（当時）の伊賀並愛さんの「いぶきやさぶろう」を選出、その他7作品を入賞に、12作品を入選として選んだ（P.148参照）。

▲審査の様子　　　　　　▲審査の様子

顔出し看板オーナー募集への道

　公開審査会の翌日から、入賞・入選作品の設置依頼、入賞者への通知と賞品送付、それとマスコミへの広報が始まった。

　作品には、応募の際、希望があれば「設置希望場所」というのを書いてもらっていた。例えば、優秀賞清水さんは「西黒田公民館付近」と記していた。

　そこで我々は、最優秀、優秀、各賞に選ばれた作品のうち、それぞれの設置希望場所や、書いていない作品については、設置するのに適当と思われる施設を選び出し、「看板オーナー募集案内」を送付、届いた頃を見計らってかたっぱしから電話をして設置をお願いすることにした。

　「オーナー募集」をするにあたっては、オーナー料金を確定して示さなければいけない。ここでようやく、ずっと先送りにしていた「お金」の問題と向かい合うことになった。議論の末、看板の種類を、3万円程度の「簡易タイプ」（水性短期耐水）と、10万円程度の「固定タイプ」（エナメル屋外耐候性）の2種類とした。前者は、手作り感のあふれるコンパネ等で作るもので大学生に作ってもらい、後者は滋賀県広告美術協同組合所属の看板専門業者に制作を依頼する。看板作成費用は、オーナーに出してもらい、事務局からは1万円を「オーナー料補助金」として負担するということに決めた。

　オーナー募集案内を送ったのが3月1日月曜日。その2日後、すぐに電話があったのは東近江市（旧・八日市市）の世界凧博物館八日市大凧会館。「オーナーになります！　固定タイプでお願いします！」という嬉しい申し出であった。

　「こんな申し出がどんどん来てしまったらどうしよう、予算との兼ね合いもあるし」

　しかしそんな心配は無用であった。以降どこからも電話はかかってこない。そんなうまい具合に事は運ばないのだ。やはりこちらから電話しなくては。

　この作業がたいへんだった。多忙な施設では送った案内資料を読んでもらえてないところが多い。いちから説明し始めると、「そういうことは役場に言って」とやんわりと断るところはまだいい方で、「押し売りお断り！」とばっさり断ってくるところもあった。ようやく話が通じても、先方の心配で一番多かったのは、その安全性であった。「強風で倒れると危険だから」。だからといって、安全な「固定タイプ」の看板のために10万円も払う余裕はないとも。設置希望場所として示された場所は公共施設が多く、事業年度終了間際の3月にそんなこと言われても、予算の捻出ができないという事情もあったようだ。

　「オーナー募集」の見えない前途に沈んでばかりもいられない。ほかの作業もすすめなくては。まずはマスコミを通じての広報。今回は入賞作品のお知らせとともに、「オーナー募集」に関して大々的にPRしていった。そして「簡易タイプ」の看板を作ってくれる学生との交渉、「固定タイプ」の看板の作成依頼などなど。メンバー同士の連絡や確認事項が多く、この頃再びメーリングリストのメールの数が激増した。

　そのうち、ぽつぽつと「オーナーになる」という施設や団体が現れ始めた。

　まずは、草津市の「道の駅草津」。ここには「琵琶湖大なまず」という作品を看板にすることを勧めていた。滋賀を象徴する琵琶湖、なまず、狸、伊吹山などが描かれた作品である。

　続いて、優秀賞の「金太郎は気はやさしくて力持ち」へのオーナー申し出。長浜市西黒田地区は金太郎でまちおこしをしてい

る地域。金太郎の研究とまちおこしをやっているグループ「きんたろう会」は、実は作品応募者清水さんもその中心メンバーのひとりだそうで、この「きんたろう会」がオーナーとなり、希望されていた西黒田公民館への設置が決まった。

優秀賞や入選の作品へのオーナー申し出が次々と現れてくるのに、最優秀賞受賞の「いぶきやさぶろう」への名乗りがない。これは困った……。途方にくれていると、地元有志から買い取りたいとの問い合わせが入った。しかも2体も！同じ絵柄の看板を2体作り、ひとつは地元の診療所へ、もうひとつは文化資料館へ、いずれも有志数人で資金を調達して看板を買い取り、これらの施設への寄贈してくださるとのこと。

これらはいずれも「簡易タイプ」のもの。唯一の「固定タイプ」の「大凧まつり」の看板を含め、合計6作品、7枚の看板が設置されることとなった。

制作、設置へ

3月中旬、いよいよ看板作成へ。「簡易タイプ」看板の作成を依頼した学生からは、「春休みにはアルバイト代持って出かけたいので早く指示を」と催促される。一方オーナーからは、背景の色を変えたり、場所名やその由来、署名や書き込みたい言葉など細かな指示がはいってくる。橋渡しをするメンバーは色づけされた図案書を手に両者の間を往復。こればっかりは、電話やメールではできないので。

唯一の「固定タイプ」である八日市大凧会館設置の「大凧まつり」の看板は、地元の看板業者に依頼していた。看板業者さんにお願いしたのは「なんとか10万円で仕上げてほしい」ということ。一方八日市大凧会館さんからは「今年は市制50周年記念なので、納品はこのイベントを行うゴールデンウィーク頃までにしてほしい」とのお願いを受けていた。10万円もする高価な看板、申し送り等に行き違いがあってはたいへんだ。ひどく緊張感を持ってやりとりしていたことが、今から思えば懐かしい。

「簡易タイプ」納品日は4月17日。彦根の保管場所から、軽トラックに載せて午前中に湖北地方、午後に大津、草津、そして守山へと運び込んだ。全ての設置場所で施設の代表者を始め関係者や新聞社の記者さんなど多くの方に迎えてもらえた。

残るは八日市大凧会館。搬入日はゴールデンウイークに突入した5月1日。ここでも新聞社数社と、看板の絵を描いた女子中学生とそのお母さんたちなど多くの方が看板の到着を喜んでくださった。

これをもって我々のプロジェクトは無事終了したのである。

▲西黒田公民館へ設置

▲勝部神社へ設置

9 顔出し看板プロジェクト

顔出し看板資料館

2007年4月現在、しがんいが把握しているデータです。「発掘」「再生」「新規開発」された方は、しがんいまでお知らせを！

滋賀県内の顔出し看板

地域	通称	設置場所（カッコ内は履歴）	状態
県南部	忍者（びわ湖タワー）	（びわ湖タワー）	まぼろし
	チマチョゴリのふたり	（紅葉パラダイス）	まぼろし
	大津絵・藤娘（百町館）	（まちづくり大津百町館）	出番待ち
	大津絵・藤娘（観光協会）	（大津祭曳山展示館）	出番待ち
	大津絵・鬼の寒念仏	（大津祭曳山展示館）	出番待ち
	大津絵・弁慶引摺鐘	（大津市歴史博物館）	出番待ち
	回峰行者	芙蓉園本館	現役
	グズラ	（浜大津付近）	まぼろし
	おおなまずちゃん	（大津ハイウェイレストラン）	まぼろし
	古代人	滋賀県埋蔵文化財センター	現役
	遮光器（しゃこうき）土偶	滋賀県埋蔵文化財センター	現役
	縄文のヴィーナス	滋賀県埋蔵文化財センター	現役
	鷹狩りをする人物はにわ	滋賀県埋蔵文化財センター	現役
	消防隊（大津）	大津市消防局中消防署	現役
	消防隊（草津）	湖南広域行政組合西消防分署	現役
	フェリエ撮る	フェリエ南草津	現役
	ビワコオオナマズ	道の駅草津グリーンプラザからすま	現役
	昆虫採集	（県立琵琶湖博物館）	まぼろし
	火まつり	勝部神社	現役
	たぬきの置物	（信楽陶苑たぬき村）	まぼろし
	忍者（甲賀ファミリーランド）	（甲賀ファミリーランド）	不明
	忍者（忍術村）	甲賀の里忍術村	現役
	忍者（忍術屋敷）	甲賀流忍術屋敷	現役
	茶つみ娘	道の駅あいの土山	現役
県東部	源義経・静御前	道の駅竜王かがみの里	現役
	ソフトクリーム	（滋賀農業公園ブルーメの丘）	まぼろし
	猿の忍者	県立安土城考古博物館	現役
	ガマに乗った狸の忍者	県立安土城考古博物館	現役
	姫君	県立安土城考古博物館	現役
	武将	県立安土城考古博物館	現役
	大凧まつり	世界凧博物館八日市大凧会館	現役
	アルプスの少女ハイジ	（道の駅あいとうマーガレットステーション）	出番待ち
	ひまわり	（道の駅あいとうマーガレットステーション）	出番待ち
	僧兵	愛荘町立歴史文化博物館	現役
	ひこにゃん	（県立文化産業交流会館〜国宝彦根城築城400年祭実行委員会）	出番待ち
	エコロクマン	滋賀県立大学環境科学部近藤研究室	出番待ち
	ポータブル顔出し	滋賀県立大学環境科学部近藤研究室	出番待ち
	環境戦隊ゴミュレンジャー	滋賀県立大学湖風実行委員会	出番待ち
	吉本新喜劇	ひこね食道館四番町ダイニング	現役
県北部	となりのトトロ	（さくらが丘団地公民館〜米原市内幼稚園）	現役
	まいちゃん	（米原市内）	まぼろし
	いぶきやさぶろう（診療所）	米原市国民健康保険伊吹診療所	現役
	いぶきやさぶろう（資料館）	伊吹山文化資料館	現役
	消防隊（米原）	湖北地域消防本部米原消防署	現役
	山内一豊の家臣・田中孫作	田中孫作屋敷跡	現役
	山内一豊・千代（公民館）	米原市近江公民館	現役
	山内一豊・千代（母の郷）	道の駅近江母の郷	現役
	山内一豊・家臣（法秀院の墓）	山内一豊の母・法秀院の墓	現役
	山内一豊・千代（若宮氏館跡）	（若宮公園〈若宮氏館跡〉）	出番待ち
	山内一豊・千代（ツアーセンター）	（北近江一豊・千代博覧会ツアーセンター）	出番待ち
	山内一豊・千代（長浜城）	（長浜城歴史博物館）	出番待ち
	山内一豊・千代（唐国）	（山内一豊初所領の地・唐国）	出番待ち
	山内一豊・千代（時遊館）	（虎姫時遊館）	まぼろし
	千代・名馬（牛馬市跡）	木之本牛馬市跡 馬宿平四郎	現役
	山内一豊・千代（余呉湖畔）	国民宿舎余呉湖荘	現役
	金太郎	長浜市立西黒田公民館	現役
	虎姫	JR虎姫駅	現役
	浅井長政一家	須賀谷温泉	現役
	浅井長政・お市	（湖北町児童館）	現役
	コハクチョウと夕日	道の駅湖北みずどりステーション	現役
	農夫婦	ふるさと文化資料館萬蔵院	現役
	ツタンカーメンの黄金マスクとスフィンクス	北近江リゾート	現役
	鎧武者	賤ヶ岳山頂	現役
	天女の羽衣	（JR余呉駅）	まぼろし
県西部	マキノの四季	JRマキノ駅	現役
	ガリバー	ガリバー青少年旅行村	現役

所在地	問い合わせ先	電話	備考	掲載ページ
大津市今堅田3-11-1	───	───	施設閉鎖	P.24
大津市茶ヶ崎4-3	───	───	施設閉鎖	P.25
大津市中央1-8-13	まちづくり大津百町館	077-527-3636	しがんいコンクール優秀賞	P.26
(観光協会の倉庫で保管)	びわ湖大津観光協会	077-528-2772	イベント時に使用	P.122
(観光協会の倉庫で保管)	びわ湖大津観光協会	077-528-2772	イベント時に使用	P.27
(観光協会の倉庫で保管)	びわ湖大津観光協会	077-528-2772	イベント時に使用	
大津市坂本4-5-17	芙蓉園本館	077-578-0567		P.28
大津市浜大津付近	───	───	1968年撮影記録あり	P.29
大津市朝日が丘2-8-1			廃棄処分済	
大津市瀬田南大萱町1732-2	滋賀県埋蔵文化財センター	077-548-9681		P.79
大津市瀬田南大萱町1732-2	滋賀県埋蔵文化財センター	077-548-9681		P.79
大津市瀬田南大萱町1732-2	滋賀県埋蔵文化財センター	077-548-9681		P.79
大津市瀬田南大萱町1732-2	滋賀県立埋蔵文化財センター	077-548-9681		
大津市御殿浜3-1	大津市消防局中消防署	077-525-0119		P.30
草津市野路町大ノ口1417	湖南広域行政組合	077-552-1234	イベント時に使用	P.31
草津市野路1-17-2	フェリエ南草津	077-566-8192		
草津市下物町1436	道の駅草津グリーンプラザからすま	077-568-1208	しがんいコンクール入賞	P.32
草津市下物町1091			廃棄処分済	
守山市勝部町1-8-8	勝部神社	077-583-4085	しがんい制作	P.20,143
甲賀市信楽町牧1293-2	信楽陶苑たぬき村	0748-83-0126	破損のため撤去	P.33
湖南市三雲付近	───	───	立ち入りできず詳細不明	P.58
甲賀市甲賀町隠岐394	甲賀の里忍術村	0748-88-5000		P.34
甲賀市甲南町竜法師2331	甲賀流忍術屋敷	0748-86-2179		P.35
甲賀市土山町北土山2900	道の駅あいの土山	0748-66-1244		P.36
蒲生郡竜王町鏡1231-2	道の駅竜王かがみの里	0748-58-8700		P.37
蒲生郡日野町西大路864-1	滋賀農業公園ブルーメの丘	0748-52-2611	破損のため撤去	P.40
蒲生郡安土町下豊浦6678	県立安土城考古博物館	0748-46-2424		P.80
蒲生郡安土町下豊浦6678	県立安土城考古博物館	0748-46-2424		P.80
蒲生郡安土町下豊浦6678	県立安土城考古博物館	0748-46-2424		P.81
蒲生郡安土町下豊浦6678	県立安土城考古博物館	0748-46-2424		P.81
東近江市八日市東本町3-5	世界凧博物館八日市大凧会館	0748-23-0081	しがんいコンクール入賞	P.16
東近江市妹町184-1	道の駅あいとうマーガレットステーション	0749-46-1110		P.38
東近江市妹町184-1	道の駅あいとうマーガレットステーション	0749-46-1110		P.39
愛知郡愛荘町松尾寺878	愛荘町歴史文化博物館	0749-37-4500		P.83
彦根市金亀町1-1	国宝・彦根城築城400年祭実行委員会	0749-30-6141	大学生制作、彦根市に寄贈	P.10,116
彦根市八坂町2500	しがんい	0749-28-8315	大学生制作、しがんいに寄贈	
彦根市八坂町2500	しがんい	0749-28-8315	しがんい制作	P.22
彦根市八坂町2500	滋賀県立大学湖風実行委員会	0749-28-8200	学園祭時に使用	P.116
彦根市本町1-7-34	四番町スクエア	0749-27-7755		
米原市内				P.41
米原市内	米原市役所政策推進部情報政策課	0749-52-1551	廃棄処分済	
米原市上野985-2	米原市国民健康保険伊吹診療所	0749-58-0045	しがんいコンクール最優秀賞	P.42
米原市春照77	伊吹山文化資料館	0749-58-0252	しがんいコンクール最優秀賞	P.43
米原市長岡2811-1	湖北地域消防本部米原消防署	0749-55-0108		P.44
米原市高番37付近	米原市近江公民館	0749-52-3483	「功名が辻」関連	P.14,133
米原市顔戸1513	米原市近江公民館	0749-52-3483	「功名が辻」関連	P.14,48
米原市宇賀野1364-1	道の駅近江母の郷	0749-52-5177	「功名が辻」関連、しがんいに制作依頼	P.14,49,127
米原市宇賀野1188付近			「功名が辻」関連	P.12,14
米原市飯538付近	若宮外記仲間		「功名が辻」関連	P.12,14
長浜市南呉服町9-30			「功名が辻」関連	P.14
長浜市公園町10-10			「功名が辻」関連	P.13,14
東浅井郡虎姫町唐国1280	虎姫町役場総務企画課	0749-73-4855	「功名が辻」関連	P.13,14
東浅井郡虎姫町三川1635-2	虎姫町役場総務企画課	0749-73-4855	「功名が辻」関連	P.14,50
伊香郡木之本町木之本1042	木之本町観光協会	0749-82-5909	「功名が辻」関連	P.13,14
伊香郡余呉町余呉湖畔	国民宿舎余呉湖荘	0749-86-2480	「功名が辻」関連、イベント後移動	P.12,14
長浜市常喜町500	長浜市立西黒田公民館	0749-62-0381	しがんいコンクール優秀賞	P.18,143
東浅井郡虎姫町大寺1029-1	虎姫町商工会	0749-73-4060		P.45
長浜市須賀谷町36	須賀谷温泉	0749-74-2235		P.47
東浅井郡湖北町郡上139	湖北町役場まちづくり課	0749-78-8305	イベント時に使用	P.46
東浅井郡湖北町今西1731-1	道の駅湖北みずどりステーション	0749-79-8060		P.51,149
伊香郡高月町東物部808	ふるさと文化資料館萬蔵館	0749-85-2746		P.52
伊香郡高月町唐川189	北近江リゾート	0749-85-8888		P.53
伊香郡木之本町大音	木之本町観光協会	0749-82-5909		P.54,149
伊香郡余呉町下余呉1745	JR余呉駅	0749-86-2291	廃棄処分済	P.55
高島市マキノ町西浜神田1243	マキノ町観光協会	0740-28-1188		P.56
高島市鹿ヶ瀬987-1	ガリバー青少年旅行村	0740-37-0744		P.57

145

**本文記事で紹介した
滋賀県内の顔出し看板**

県北部

山内一豊・千代
(ドラマツアー・余呉湖畔)
→P.12

天女の羽衣
→P.55

千代・名馬
(ドラマツアー・牛馬市跡)
→P.12

マキノの四季
→P.56

鎧武者
→P.54

ツタンカーメンの黄金マスクと
スフィンクス→P.53

農夫婦→P.52

浅井長政・お市→P.46
浅井長政一家→P.47

コハクチョウと夕日→P.51

山内一豊・千代(時遊館)→P.50

虎姫→P.45

いぶきやさぶろう(診療所)→P.42

山内一豊・千代(ドラマツアー・唐国)
→P.13

金太郎
→P.18

いぶきやさぶろう(資料
→P.43

山内一豊・千代(ドラマツアー・長浜城)
→P.13

山内一豊・家臣(ドラマツアー・法秀院の墓)→P.12

山内一豊の家臣・
田中孫作→P.133

県西部

山内一豊・千代(母の郷)→P.49

消防隊(米原)
→P.44

山内一豊・千代
(ドラマツアー・若宮氏館跡)
→P.12

山内一豊・千代
(公民館)→P.48

となりのトトロ→P.41

ひこにゃん
→P.10

ガリバー→P.57

県東部

忍者(びわこタワー)→P.24

大凧まつり
→P.16

チマチョゴリの
ふたり→P.25

ビワコオオナマズ
→P.32

アルプスの少女ハイジ→P.38
ひまわり→P.39

回峰行者
→P.28

源義経・静御前→P.37

消防隊(大津)
→P.30

火まつり
→P.20

ソフトクリーム→P.40

グズラ→P.29

消防隊(草津)→P.31

大津絵・藤娘(百町館)→P.26
大津絵・鬼の寒念仏→P.27

忍者(忍術屋敷)
→P.35

茶つみ娘→P.36

県南部

忍者(忍術村)→P.34

たぬきの置物→P.33

146

地域情報誌（紙）で紹介された滋賀県内の顔出し看板

媒体名	掲載号	発行日	看板名
湖国の道だより　すいすい	5号	2004年11月20日	ビワコオオナマズ いぶきやさぶろう（診療所）
	7号	2005年 6月20日	回峰行者 源義経・静御前
	8号	2005年 6月20日	コハクチョウと夕日
	9号	2005年11月20日	大津絵・鬼の寒念仏 大津絵・藤娘（観光協会） 大津絵・藤娘（百町館）
	10号	2006年 2月20日	山内一豊・千代（ツアーセンター） 山内一豊・千代（母の郷） 山内一豊・千代（時遊館）
	11号	2006年 6月20日	山内一豊・千代（若宮氏館跡） 山内一豊・家臣（法秀院の墓） 山内一豊・千代（長浜城） 山内一豊・千代（唐国） 千代・名馬（牛馬市跡） 山内一豊・千代（余呉湖畔）
	12号	2006年 8月20日	鎧武者 浅井長政・お市 浅井長政一家
	13号	2006年11月20日	山内一豊の家臣・田中孫作 山内一豊・千代（公民館）
	14号	2007年 2月25日	大凧まつり
湖国 近江・旅の素 I'M◯M I （アイム・オウミ）	22号	2005年 7月　末	山内一豊・千代（公民館）
	23号	2005年 9月　末	ビワコオオナマズ
	24号	2005年11月　末	大凧まつり
	25号	2005年12月　末	鎧武者
	26号	2006年 2月　末	山内一豊・千代（ツアーセンター） 山内一豊・千代（母の郷） 山内一豊・千代（時遊館）
	27号	2006年 4月　末	浅井長政一家
	28号	2006年 6月　末	山内一豊・千代（若宮氏館跡） 山内一豊・家臣（法秀院の墓） 山内一豊・千代（長浜城） 山内一豊・千代（唐国） 千代・名馬（牛馬市跡） 山内一豊・千代（余呉湖畔）
	29号	2006年 8月　末	コハクチョウと夕日
	30号	2006年10月　末	山内一豊の家臣・田中孫作
	32号	2007年 2月　末	ツタンカーメンの黄金マスクとスフィンクス
さざなみ通信	93号	2006年 2月25日	山内一豊・千代（ツアーセンター）
	95号	2006年 4月22日	山内一豊・千代（時遊館）
	96号	2006年 5月27日	鎧武者
	97号	2006年 6月24日	山内一豊・千代（若宮氏館跡）
	98号	2006年 7月22日	山内一豊・千代（長浜城）
	99号	2006年 8月26日	千代・馬（牛馬市跡）
	102号	2006年11月 1日	山内一豊の家臣・田中孫作
	103号	2006年12月23日	ツタンカーメンの黄金マスクとスフィンクス
み～な びわ湖から	91号	2006年 6月 1日	山内一豊・千代（若宮氏館跡） 山内一豊・家臣（法秀院の墓） 山内一豊・千代（長浜城） 山内一豊・千代（唐国） 千代・名馬（牛馬市跡） 山内一豊・千代（余呉湖畔）
DADAジャーナル	391号	2006年 3月26日	山内一豊・千代（母の郷）
	393号	2006年 4月23日	いぶきやさぶろう
	395号	2006年 5月28日	浅井長政一家
	396号	2006年 6月11日	山内一豊の家臣・田中孫作
	397号	2006年 6月25日	金太郎
	399号	2006年 7月23日	農夫婦
	401号	2006年 8月27日	鎧武者
	403号	2006年 9月24日	ひこにゃん
	405号	2006年10月22日	虎姫
	407号	2006年11月26日	山内一豊・千代（余呉湖畔）
	409号	2006年12月24日	消防隊（米原）
	413号	2007年 2月25日	コハクチョウと夕日

メディアで紹介された「しがんい」の活動など

媒体	媒体(番組)名	発行(放映)日	タイトル	備考
新 聞	読売新聞	2003年12月 7日	顔出し看板の図案募集	コンクールPR
新 聞	朝日新聞	2003年12月12日	顔出し看板作品を募集	コンクールPR
新 聞	滋賀夕刊	2003年12月17日	顔出し看板でまちおこし	コンクールPR
新 聞	モーニングくさつ	2004年 1月 2日	顔出し看板コンクール大募集	コンクールPR
新 聞	京都新聞	2004年 2月 5日	湖国にピッタリ顔出し看板は?	コンクールPR
新 聞	朝日新聞	2004年 2月10日	観光地などに設置する「顔出し看板」実現へ「図案選んで」	コンクールPR
新 聞	滋賀夕刊	2004年 3月 4日	伊賀並さんが最優秀賞	コンクール結果
新 聞	産経新聞	2004年 3月 9日	最優秀に伊吹町の伊賀並さん	コンクール結果
新 聞	京都新聞	2004年 4月18日	「顔出し看板」県内3ヶ所設置	看板設置の様子
新 聞	中日新聞	2004年 4月19日	女児が"伝説の大男気分"	看板設置の様子
新 聞	中日新聞	2004年 5月 5日	大凧の顔出し看板観光客の人気を呼ぶ	看板設置の様子
新 聞	朝日新聞	2004年 5月 7日	中学生がデザイン顔出し看板も	看板設置の様子
新 聞	滋賀報知新聞	2004年 5月 8日	顔出し看板で記念写真はいかが?	看板設置の様子
新 聞	読売新聞しが県民情報	2005年 1月25日	地域おこし顔出してます	しがんいの活動紹介
新 聞	中日新聞	2005年10月16日	顔出し看板で地域づくりを	kondoji講演について
新 聞	毎日新聞	2005年11月11日	キャンパスアベニュー:滋賀県「顔出し看板」発掘再生新規開発委員会の活動	しがんいの活動紹介
新 聞	毎日新聞	2005年11月12日	コンパス:「顔出し看板」発掘などに取り組む委員会	しがんいの活動紹介
新 聞	リビング滋賀	2005年11月19日	全国7位 顔出し看板の隠れ名所	顔出し看板の紹介
新 聞	リビング滋賀	2006年 7月26日	どう!? 似合ってる?オモシロ変身スポット	顔出し看板の紹介
新 聞	滋賀夕刊	2007年 3月16日	顔出し看板作品展 滋賀会館で18日〜	展覧会PR
新 聞	京都新聞	2007年 3月20日	「顔出し看板」で子どもパチリ 大津で展覧会 25日にシンポ	展覧会+シンポジウムPR
新 聞	毎日新聞	2007年 3月24日	顔出し看板 大津・滋賀会館に大集合!!	展覧会+シンポジウムPR
新 聞	さざなみ通信 106号	2007年 3月24日	顔出し看板が本になった!「顔出し看板大全カオダス」	「カオダス」発行PR
新 聞	DADAジャーナル 415号	2007年 3月25日	待望の書籍化『顔出し看板大全カオダス』本日発刊	「カオダス」発行PR
新 聞	京都新聞	2007年 4月 5日	おうみ湖々東西:活動の集大成 本出版	しがんい・ひぐひぐ紹介
新 聞	「カオダス」	2007年 4月12日	「カオダス」看板ガイド出版 県立大の院生、教員ら	しがんい・ひぐひぐ紹介
新 聞	読売新聞しが県民情報	2007年 4月19日	顔出し看板の魅力発信	しがんい・ひぐひぐ紹介
情報誌	湖国の道だより すいすい5号	2004年11月20日	もっと話そう! Two Wayロード:滋賀県「顔出し看板」発掘再生新規開発委員会	しがんいの活動紹介
情報誌	湖国近江 旅の素「MOMI増刊号」	2007年 4月	ひこにゃんの顔出し看板、登場?!	「カオダス」発行PR
ラジオ	エフエム滋賀 平和堂My Daily Life	2003年 9月11日	顔出し看板コンクールPR	コンクールPR
ラジオ	エフエム滋賀 平和堂My Daily Life	2004年 7月 1日	顔がない? 顔出し看板	顔出し看板について
ラジオ	エフエム滋賀 平和堂My Daily Life	2007年 3月 7日	ゆるキャラ 顔出し看板	顔出し看板について
ラジオ	エフエム滋賀 平和堂My Daily Life	2007年 4月 2日	県内顔出し看板めぐりツアーへ「顔出し看板大全カオダス」	「カオダス」発行PR
テレビ	NHK大津 おうみ発610	2003年12月 4日	滋賀の顔出し看板発掘探検	ひぐひぐ・kondoji出演
テレビ	NHK大津 おうみ発610	2004年 3月11日	顔出し看板PR	あひる出演
テレビ	びわ湖放送 びびっとビーム	2007年 4月 9日	顔出し看板を知ってますか? 初の研究本を発刊	kondoji・ひぐひぐ出演

執筆・講演(近藤隆二郎)

	掲載(開催)日	タイトル	備考
新聞コラム	2004年 5月26日	あなたを待ち続けている看板	京都新聞
新聞コラム	2005年11月11日	顔出し看板の穴	毎日新聞
講 演	2005年10月15日	「顔出し看板」づくりのススメ —地域のものがたりを活かしたまちづくり—	滋賀県立大学公開講座
講 演	2007年 3月25日	顔出し看板原論	顔出し看板シンポジウム基調講演
パネルトーク	2007年 3月25日	顔出し看板を用いたまちづくり	パネラー:kondoji、進行:ひぐひぐ

顔出し看板コンクール入賞・入選作品

※1次審査通過作品は看板化したもののみ

看板化	賞名	作品名	氏名	居住地または学校(当時)
○	最優秀賞	いぶきやさぶろう	伊賀並 愛	伊吹町
	優秀賞	金太郎は気はやさしくて力持ち	清水 昭蔵	長浜市
○	優秀賞	藤娘	江川 ちひろ	大津市立日吉中学校2年
	インパクト賞	小面	黒川 杏実	八日市市立聖徳中学校2年
	メチャウマ賞	糸切もち	小梶 有理	八日市市立聖徳中学校2年
	アイデア賞	携帯から余呉町をアクセスしよう!	宮本 涼平	余呉町立片岡小学校1年
	カラフル賞	どのびん手まりがお好き?	池田 奈美子	彦根市立中央中学校2年
	メッセージ賞	里山応援団	吉田 雅子	志賀町
	入選	お殿様とお姫様	蒲生 美恵	びわ町
	入選	草津宿本陣ご来館記念!	名田 いさな	大津市立日吉台小学校6年
	入選	織田信長	沖 彩夏	
○	入選	大凧まつり	石垣有希・山田美津記	八日市市立聖徳中学校2年
	入選	滋賀にいらっしゃい!	塚本 真由	八日市市立聖徳中学校2年
	入選	☆茶つみ娘☆	藤井 都恵	甲賀町立甲賀中学校2年
○	入選	琵琶湖大なまず	中本 奈津美	甲賀町立甲賀中学校2年
	入選	忍者	増田 千裕	甲賀町立甲賀中学校2年
	入選	近江商人	内山 友奈	近江兄弟社中学校1年
	入選	コハクチョウ	北川 勉武	湖北町
	入選	信楽のタヌキの親子	郁 芳珠生	近江兄弟社中学校1年
	入選	琵琶湖と琵琶湖大なまず	マツウラサキ	彦根市立中央中学校2年
○	1次審査通過	勝部の火まつり	近藤 陽子	守山市

しがんい顔出し！

あひる（家鴨あひる）■いえがも・あひる
1960年岡山県生まれ。岡山大学教育学部卒業後、結婚し兵庫県に住む。その後埼玉県を経て1997年滋賀県民に。翌年NPO法人びめ～る企画室に参加。滋賀の地酒で日本酒の魅力に目覚めトリコになり、滋賀の日本酒を愛する酔醸（よいかも）会を立ち上げる。2004年滋賀の地酒ガイドブック『近江の酒蔵』（サンライズ出版）を上梓。みうらじゅんファン、毎晩日本酒の研究中。きき酒師。

kondoji（近藤隆二郎）■こんどう・りゅうじろう
1965年長崎県生まれ。滋賀県立大学環境科学部助教授・工学博士。専攻は環境社会システム。NPO法人五環生活代表理事。近江中山道を楽しむ会代表。著書に『コモンズをささえるしくみ』(新曜社／共著)など。写し巡礼地・モヘンジョダロ・インド都市巡礼・インカ水遺跡・沐浴・熊野古道・エコビレッジ・自転車・中山道などのあやしい？対象を追いかけている。研究者であることを忘却中。

ひぐひぐ（樋口幸永）■ひぐち・さちえ
1963年滋賀県伊香郡生まれ。2年間の大阪遊学後地元に戻り、英語塾講師などを経て結婚、夫とふたり暮らし（＋犬1匹）の主婦。NPO法人びめ～る企画室では編集・執筆活動に、NPO法人五環生活では事務局として携わる傍ら、滋賀県立大学大学院環境科学研究科で女性組織について研究する大学院生でもある。時間が合えば夫と行く映画鑑賞が、一番の楽しみ。

ひらめ（田中純子）■たなか・じゅんこ
1963年伊香郡生まれ。以来滋賀県外に出ることなく育ち、学び、働き、暮らす。山と湖の力で純粋培養された湖北人。滋賀県児童図書研究会会員。夢は仙人になること。現在もあれこれと修行中。1998年発行の滋賀県児童図書研究会編『近江子ども歳事記まつりものがたり』（サンライズ出版）でデビュー（2ページ分）。

顔を引くにあたり

 「顔出し看板についての本を出したい」という想いは、しがんいのコンクール開催プロジェクトが終わった2004年の春頃からありました。
 それから約2年間、しがんいメンバーは顔出し看板情報を適宜収集、とくに近藤はその歴史や分布状況を調査するなどして、いよいよ「本にする」のに十分な情報が蓄積できました。
 コンクール開催プロジェクトのときに助成していただいた「滋賀県県民活動文化チャレンジ企画補助金」がまだ続いていることを知ったのは、ちょうどそんなときです。これをいただくことができれば本を出すことができるのではないか？ 通ってしまえばあとはなんとかなるだろうと応募、その結果、再び助成採択団体に。こうして今回の出版プロジェクトがスタートしたのです。
 しかし、いざ始まってみると、しがんい4人の歩調がまったく合いません。執筆分担を決め持ち寄り期限を設定するものの、締め切り破りは当たり前、仕方なく延長延長…、そんな状況が2007年年明け頃まで続きました。4人がようやく本気で取り組めたのは、2月中旬頃からだったでしょうか。昼夜関係なしの作業が続いたせいか、夜中のメーリングリストでは作業とは関係のない妙にハイテン

ションなメールが飛び交うなど、今から振り返ってみると（といってもつい先日のことですが）、イライラ焦りつつも楽しい日々でした。
　こうして完成したこの本は、地方発としては内容・デザインともに斬新で、全国にカオダス旋風を巻き起こすに違いない！と自負しているのですが、さて、どうでしょう？
　この本を通して、顔出し看板に関わっておられる多くの方々の熱い想いを、読者の皆さんにお伝えすることができれば幸いです。同時に、この本の出版を契機に、お蔵入りになってしまっている滋賀県内の、いや全国の顔出し看板が、再び日の目を見てくれることを切に願います。

　サンライズ出版の矢島さん、デザインを担当してくださったキューヴの高橋さん、迷惑をかけっぱなしでごめんなさい。最後までお付き合いいただき、本当にありがとうございました。
　末筆になりましたが、この本の出版にあたり、ご執筆、取材へのご協力、およびご助言等をいただいた多くの皆様方に、深く感謝いたします。

　　　　　滋賀県「顔出し看板」発掘再生新規開発委員会 委員長　樋口　幸永

■「しがんい」とは…

滋賀県「顔出し看板」発掘再生新規開発委員会の略称。2003年夏、顔出し看板をこよなく愛するあひる、kondoji、ひぐひぐ、ひらめによって結成。観光地の片隅にひっそりと佇み、脇役として見過ごされがちな顔出し看板に注目、その地位の向上をめざし、「発掘」「再生」「新規開発」に情熱を注ぐ4人組である。

スペシャルサンクス

奥山おまいりまち商店街／㈳静岡県観光協会／九州工業大学仲間研究室／滋賀県広告美術協同組合／㈲北風寫眞舘／さざなみ通信社／NPO法人びぃめ〜る企画室／看板設置各市町（観光協会）／写真ご提供のみなさん／コンクール応募者・審査員・制作者・設置者・オーナーのみなさん
そしてすべての顔出し看板たち！

スタッフ

■執筆・編集　家鴨あひる（ライター）
　　　　　　　近藤隆二郎（滋賀県立大学環境科学部助教授）
　　　　　　　樋口幸永（主婦・大学院生）
　　　　　　　田中純子（滋賀県児童図書研究会会員）
■編集協力　　矢島潤（サンライズ出版）
■デザイン　　高橋守（Qve[design connmunication]）

顔出し看板大全カオダス
まちのキャラクター金太郎から「ひこにゃん」まで

2007年3月25日　初版　第1刷発行
　　　4月25日　初版　第2刷発行

■編集

滋賀県「顔出し看板」発掘再生新規開発委員会
〒522-8533　滋賀県彦根市八坂町2500
滋賀県立大学　近藤研究室内
TEL.0749-28-8315　FAX.0749-28-8570

■発行

サンライズ出版株式会社
〒522-0004　滋賀県彦根市鳥居本町655-1
TEL.0749-22-0627　FAX.0749-23-7720

■印刷・製本

P-NET信州

　　滋賀県「顔出し看板」発掘再生新規開発委員会
Printed in Japan
ISBN978-4-88325-327-2

本書は、平成18年度滋賀県県民文化活動チャレンジ企画の補助を受けています。